Gudrun Marci-Boehncke / Matthias Rath

Familiäre und ausserschulische Medienbildung im digitalen Alltag

Ein Handbuch

Gudrun Marci-Boehncke / Matthias Rath

Familiäre und ausserschulische Medienbildung im digitalen Alltag

Ein Handbuch

kopaed (muenchen)
www.kopaed.de

Bibliografische Information Der Deutschen Nationalbibliothek Die Deutsche Nationalbibliothek verzeichnet diese Publikation in der Deutschen Nationalbibliografie; detaillierte bibliografische Daten sind im Internet über http://dnb.ddb.de abrufbar.

ISBN 978-3-86736-561-1

eISBN 978-3-86736-620-5

Druck: ADverts printing house, Riga (Lettland)

Arnulfstraße 205, 80634 München

Fon: 089. 688 900 98 Fax: 089. 689 19 12

E-Mail: info@kopaed.de Internet: www.kopaed.de

Inhalt

0. Vorwort

Politische Konfliktherde, Kriege, Klimawandel, Energiekrise, Fake News, Mobbing in Schulen schon bei den Jüngsten – kann und soll man da überhaupt noch Kinder in die Welt setzen? Und wenn ja – wie begegnet man als Eltern oder Erziehungsberatende diesen Herausforderungen? Viele Probleme scheinen sich aus der digitalen Medienwelt abzuleiten: In sozialen Netzwerken werden Nachrichten verbreitet, deren Wahrheitsgehalt nicht mehr überprüfbar scheint, alles wird manipulierbar, Bilder, Texte, es schreiben heute Künstliche Intelligenzen (KI) bessere Texte als viele Menschen dies könnten. Wem kann man noch vertrauen? Und doch zücken alle selbstverständlich ihre Smartphones für den Blick auf die Uhr oder die schnelle Nachricht an die Lieben zu Hause, shoppen online und steuern neben dem Auto sogar ihren Backofen smart digital von unterwegs. Vor- und Nachteile, Bequemlichkeiten und Beängstigendes liegt nahe beieinander. Und immer wieder werden Erklärungen für Probleme eben gerade bei den Medien gesehen.

Die Erziehung und Bildung unserer Kinder auch in Bezug auf Mediennutzung ist daher kein Nebenbei, das sich „natürlich" beherrschen lässt. Und auch wenn nicht alles gleich schwer und problematisch bleibt, so manche Fragen scheinen sich immer und immer wieder einzustellen:

- Wie erziehe ich überhaupt? Woher soll ich das eigentlich können?
- Wie kann ich die Beziehung zu meinem Kind gestalten – gerade, wenn es mal kompliziert wird?
- Wann soll mein Kind wie sprechen? Warum spricht es so schlecht, so spät, so falsch?
- Wie kriege ich das Kind vom Handy weg, von der Spielkonsole, vom Internet? Schadet das nicht alles?

Wir wollen uns diesen Punkten widmen, wobei die letzte Frage immer mitläuft, denn digitale und auch nicht digitale Medien – das ist vielleicht die Grundthese des ganzen Buches – sind überall und lassen sich heute (eigentlich immer schon) nicht vermeiden. Wir gehen diesen Fragen in den folgenden Kapiteln nach. Diese sind als „Module" konzipiert, d. h., Sie sollen jedes Kapitel unabhängig von den anderen lesen und bearbeiten können. Allerdings empfehlen wir Ihnen, das erste Modul auf jeden Fall und auch gleich zu Beginn zu lesen – es klärt die grundlegenden Punkte, auf die wir oft wieder zurückgreifen werden. Darum heißt es auch „Basismodul". Die anderen Module sind an den eben formulierten Fragen orientiert: „Erziehungskompetenz", „Frühe Bindung", „Sprachentwicklung" und „Umgang mit digitalen Medien" haben wir uns vorgenommen. Hierzu danken wir auch unseren ehemaligen Mitarbeiterinnen Corinna Lohmann, Jihade Guettari sowie Betül Alan ganz herzlich für ihre engagierte Unterstützung bei der Recherche zu diesem Buch.

Dieses Buch soll keine Rezeptsammlung sein. Es baut auf wissenschaftlichen Erkenntnissen zu den genannten Themenfeldern auf. Aber es ist kein Buch in wissenschaftlicher Sprache. Wir wollen verstehbar schreiben, aber das auf wissenschaftlicher Basis. Das heißt aber nicht, dass wir damit auf unseren grundlegenden normativen Anspruch verzichten – wir bewegen uns auf der Grenze zwischen Sozialwissenschaft und Geisteswissenschaft, vor allem auch der Ethik. Wir berücksichtigen natürlich die Erkenntnisse der empirischen Wissenschaften wie z. B. der Psychologie, aber wir wissen auch, dass Empirie immer nur beschreibt, was war. Aus ihr sind keine Ansprüche auf die Zukunft, auf ein Sollen, auf Werte und Wertüberzeugungen ableitbar. Aber genau das, Werte und Wertüberzeugungen, ein Sollen, brauchen wir in der Erziehung. Wer erziehen will, ob als Eltern oder als Profi in einer Bildungseinrichtung, in Beratung und Therapie, muss eine Vorstellung haben, wohin die Reise gehen soll, was als Ziel der Erziehung und Bildung angesehen werden kann. Wir werden von Freiheit, Eigenständigkeit, Mündigkeit und vielen anderen Wertvorstellungen in Bezug auf ein individuelles „gutes Leben" sprechen. Und wir werden auch von Demokratie, der grundlegenden Wertvorstellung für ein gesellschaftlich „gutes Leben", sprechen. Medienbildung und Medienerziehung ist eben auch gewollte, positiv gewertete Demokratieerziehung. Medienkompetenz ist daher immer auch politische Kompetenz.

Dies ist also ein Buch, dass sich sowohl an Eltern richtet als auch an professionelle Erziehende und Menschen, die Eltern und Familien beraten und unterstützen. Es ist also für Menschen, die Kinder im Blick haben. Und wir fangen beim Konkreten an. Wenn Sie aus Ihrer Professionalität das eine oder andere dann schon kennen – um so besser!

Wir, die Verfassenden dieses Buches, schreiben dabei in Doppelrollen, sind beide professionell wissenschaftlich mit der Vermittlung von Medienkompetenz, Medienbildung und ethischen Fragen um die Verantwortung im Medienumgang erfahren. Und wir schreiben dieses Buch als politische Wesen, als Bürgerin und Bürger, die wissen, dass Medien in den heutigen „mediatisierten" Gesellschaften wichtiger denn je sind, um unsere Gemeinwesen und unsere Gesellschaft zu verstehen und zu gestalten. Und nicht zuletzt schreiben wir dieses Buch auch als Eltern, weil wir um die Schwierigkeiten von Erziehungsverantwortung in der modernen, digitalen Medienwelt wissen. Auch unsere Kinder selbst sind durch viele, nicht immer leichte Phasen der Orientierungssuche gegangen – und Medien haben dort immer eine wichtige Rolle gespielt. Sie sind auf gutem Weg, alle anders, aber doch verantwortungsvolle junge Menschen, die das Mediale auch für ihren eigenen Weg beruflich immer mit nutzen und reflektieren – in ganz unterschiedlichen Kontexten. Das gibt uns Mut, nicht nur als wissenschaftlich Professionalisierte, sondern auch als praxiserfahrene Eltern dieses Buch zu schreiben. Und es unseren Kindern zu widmen.

Witten, im Juni 2023 Gudrun Marci-Boehncke und Matthias Rath

1. Basismodul „Medien waren immer schon …“

1.1 Problemaufriss aus der Praxis

Jede Beschäftigung mit „Erziehung“ berührt heute alternativlos auch das Thema *Präsenz und Auswirkungen von Digitalisierung* – dies gilt in besonderem Maße für Erziehung *in* Familien, aber auch für die Unterstützung *von* Familien in der Erziehungs- und Bildungsarbeit: die Familienbildung, die sowohl zu einem guten Leben von Familienmitgliedern in ihren Lebenslagen und ihren vielfältigen und sich wandelnden Strukturen, als auch dem gesunden Heranwachsen von Kindern zu selbstwirksamen, sozial verantwortlichen und kompetenten Individuen und Gesellschaftsmitgliedern unterstützend beitragen möchte. Dazu sollen in erster Linie Eltern gestützt werden, damit diese selbstbewusst, analog und digital medienkompetent handelnd und reflektierend über ihr Vorbildverhalten im Familienalltag die Grundlagen für die eigene Handlungskompetenz ihrer Kinder schaffen. Familienbildung berücksichtigen wir daher auch im Sinne einer Familienunterstützung. Sie ist wichtig, weil das oben beschriebene Ideal gelingender Erziehung und Bildung nicht von allen Eltern selbst leicht umzusetzen ist. Ziel der folgenden Kapitel ist es, pädagogisches Elternverhalten zu schulen, angefangen von einem offenen Kommunikationsverhalten der Familien zum Thema Medien in der Bildungsarbeit. Gemeinsam mit den Eltern wollen wir nach Chancen für die Familien suchen.

Grundlage auch – aber natürlich nicht nur – für gelingende Medienerziehung ist Selbstreflexion der Erziehenden. Wo stehe ich? Was ist mir wichtig? Was möchte ich erreichen? Wie nehme ich die Gegenwart – also etwa das Handeln meines Kindes – wahr?

Wir finden in unterschiedlichen Familien konzeptionelle Extreme – von der Frühförderung bis zur Bewahrpädagogik. Nicht alle Eltern können wirklich Vorbild sein, haben eigene Nutzungsauffälligkeiten bis hin zur Sucht – auch, aber nicht nur, von Medien. Soziale Teilhabe und eigener Status etwa werden häufig über Medien definiert. Das ist einerseits verständlich, weil ein Alltag ohne digitale Medien sozial kaum mehr denkbar ist, die Nutzung aber auch einen hohen ökonomischen Druck erzeugt.

Viele Akteure der Familienbildung (also Eltern, professionelle Erziehungspersonen in Kita und Schule, Beratende) sind unsicher, weil weder Vermeidung noch Verbote oder unreflektierte Euphorie dieser Thematik gerecht werden. Auch der Versuch einer autodidaktischen Selbstbildung funktioniert nicht immer. Mal ist es bereits die Unsicherheit, welchen Informationen man trauen kann, und dann, wo man solche findet, die man lesen und verstehen kann. Schnell landet man an den Grenzen seines technischen Verständnisses. Was bringt einem dann die Reflexion der eigenen Haltung, wenn man nicht weiß, wo eigentlich die Orientierung zu suchen ist? Es scheint keine Option, unter Umgehung der persönlichen Dimension nur auf eine fachliche Versachlichung zu bauen. Das Thema wird gesellschaftlich sehr unterschiedlich beurteilt, an ihm scheint sich, übrigens gerade in Deutschland (vgl. Kerlen 2005), eine sehr private, moralische Überzeugung zu zeigen, die nur sehr schwer veränderbar ist.

Unsere Kapitel versuchen, mit ihrer breiten Aufstellung und den Angeboten zur individuellen Integration hier etwas Licht ins Dunkel zu bringen und dabei ohne erhobenen pädagogischen Zeigefinger trotzdem viele Schattierungen zu ermöglichen. Was unser Buch bestimmt, ist ein Mix aus Hintergrundinfos, Forschungsdaten und pädagogischen Überlegungen aus der Wissenschaft und der eigenen Praxis. Wir versuchen, zu erzählen. Manches hätte man sicher „kürzen" können, aber mit Hintergrundwissen werden manche Dinge nicht nur interessanter und verständlicher, sondern erlauben auch die Verbindung mit anderem, was Sie schon selbst erlebt haben, und regen so zum eigenen Nachdenken an.

Was Sie in dieser ersten Einheit erwartet

Bevor wir die verschiedenen Teilthemen zum Umgang mit Medien und zum Aufbau einer eigenständigen Medienkompetenz angehen, soll Ihnen diese erste Lerneinheit einige Grundbegriffe und Grundtheorien zu Medien und zur konkreten Medienpraxis vermitteln. Außerdem reflektieren wir darüber, warum diese Theorieanteile zur digitalen Medienbildung auch im Rahmen Ihrer Professionalisierung hilfreich sein können.

Dann lernen Sie in dieser Einheit einige Kategorien kennen, die es einfacher machen, Medien zu unterscheiden. Sie werden danach wissen, wie breit der Medienbegriff und die mediale Praxis heute betrachtet werden – technisch, historisch und praktisch:

- 1.2 Professionalisierung und digitale Medienbildung
- 1.3 Medien – Kritik und Begriff
- 1.3.1 Medienkritik
- 1.3.2 Medienbegriffe
- 1.3.3 Medialität und Mediatisierung
- 1.4 Mediennutzung
- 1.5 Medienerziehung für die Zukunft

Und abschließend möchten wir Sie motivieren zu einem Ausflug in die eigene mediale Vergangenheit. Sie werden viele liebgewonnene Erinnerungen wiederfinden!

1.2 Professionalisierung und digitale Medienbildung

Berufsprofile und -anforderungen verändern sich. Medienbildung hat in der Ausbildung – angefangen von den Schulcurricula und hinein bis ins Studium an Fachschulen wie Universitäten – bis in die 1970er Jahre gar keine Rolle gespielt. Und noch heute hinkt die Ausbildungspraxis der technischen Gegenwart in vielen Fächern mehr als 20 Jahre hinterher.

Wir tradieren häufig das, was wir selbst während unserer Ausbildung gelernt haben. Gerade bei der Digitalisierung ist das in den 1990er Jahren aufgefallen und zum Problem geworden, weil diese Technologie in verschiedener Hinsicht nicht nur eine größere technische, sondern eine umfassende gesellschaftliche Veränderung mit sich brachte – anders, als die Umstellung vom Plattenspieler auf den Kassettenrekorder.

Es brauchte andere Geräte, es brauchte eine andere Infrastruktur, „Internet" musste kommunal bereitgestellt werden. Aber Medienbildung ist nicht nur ein Thema für diejenigen, die dies zum Beruf gemacht haben – sie ist Teil der ganz normalen Erziehungsarbeit jedes Elternteils. So, wie Kinder auch im Umgang mit anderen Menschen, den Kulturtechniken von den Tischmanieren bis hin zur Sprach- und Lesefähigkeit zu begleiten.

Die digitale Entwicklung, das World Wide Web haben Lebens- und Arbeitsbereiche grundlegend verändert. Es entstand, was man heute „digital literacy" nennt: eine neue Handlungspraxis (vgl. Marci-Boehncke 2018). In der Forschung wird die Folge dieser Nutzungsunterschiede als „digital divide" (vgl. Zillien & Haufs-Brusberg 2014), als digitale Spaltung beschrieben. Aus der digitalen Spaltung kann eine „Wissenskluft" entstehen, die Nicht-Nutzende von bestimmten Teilhabemöglichkeiten ausschließt. Wer Digitalgeräte mit ihren Hypertextstrukturen und Touchscreens nicht versteht, bekommt heute auf manchen Bahnhöfen schon keine Fahrkarten mehr und ist abgeschnitten von vielen Informationsflüssen. So werden schließlich Bildungsunterschiede manifestiert und mediale Nutzungsunterschiede zementieren soziale Milieus. Den Bildungsinstitutionen kommt deshalb hier neben den Familien eine besondere Verantwortung zu.

Da zur gesellschaftlichen Teilhabe v. a. in der Berufswelt heute nahezu überall der kompetente Umgang mit Digitalität notwendig ist, die Elterngeneration diesen aber nicht immer selbst vermitteln kann und sich dieser Bereich kontinuierlich weiterentwickelt, ist gerade hier eine hohe Professionalisierung der Lehrenden bzw. Bildungsprozessbegleitenden notwendig, um für die Kinder, die Schülerinnen und Schüler und im weiteren die Auszubildenden oder Studierenden, aber eben auch die Eltern als relevante Bezugspersonen Anschluss an die gesellschaftlichen Rahmenbedingungen zu ermöglichen.

Digitaler Umgang ist eine Kulturtechnik – so, wie Lesen, Schreiben und das Rechnen. Die Professionalisierungsforschung hat nun untersucht, woran es liegt, dass gerade im Hinblick auf digitale Medien diese Professionalisierung von Bildungsverantwortlichen in Schule, Kita oder anderen Einrichtungen so zäh verläuft. Daten dazu schauen wir in der Einheit zum *Umgang mit digitalen Medien* noch an. Lange Zeit galt die fehlende technische Ausstattung in den Bildungseinrichtungen als Haupthindernis. Auch Zeitmangel zum Erwerb der Kompetenzen wurde häufig angeführt oder fehlende Fortbildungsangebote. Vieles hat sich an den Rahmenbedingungen geändert, weniger an der Praxis. Diese ist auch kein reines Altersphänomen.

Heute hat man Anhaltspunkte dafür, dass die *Haltung* der Ausbildenden und ihre Selbstwirksamkeit bzw. Selbstwirksamkeitsvermutung – also das Gefühl, dass sie das können – die beiden wichtigsten Faktoren sind, die den Mut und die Bereitschaft bestimmen, digitale Medien selbst aktiv in die eigene Bildungspraxis zu integrieren (Blackwell/Lauricella/Wartella 2014). Natürlich prägt unsere „private Gewohnheit“ diese Faktoren mit. Man spricht auch davon, dass man einen bestimmten „medialen Habitus“ (Biermann 2009) braucht, ein Begriff, der Überzeugungen und Nutzungspraxen verbindet. Ein dritter Faktor ist auch noch wichtig: die Flexibilität. Bildungskräfte, die sich in ihrer bisherigen Praxis ausgesprochen sicher fühlen, verändern sich schwerer als solche, die noch keine festen Handlungsmuster ausgebildet haben. Um sich über seine Haltung und Erwartung Rechenschaft abzulegen und sie verändern zu können, braucht es Reflexionsvermögen. Diese Kompetenz liegt als Grundkompetenz außerhalb von Mediennutzung und Medienpädagogik sowohl für die Familienbildner*innen und Eltern wie auch für die Kinder.

Warum berichten wir Ihnen am Beginn unserer Einheit von diesen Ergebnissen? Weil wir wissen, dass diese Haltungen und Selbstwirksamkeitserwartungen sehr schwer veränderbar sind. Wir haben sie oft unbewusst übernommen, sie sind verinnerlicht.

Sie zu verändern braucht lange gegenteilige praktische Erfahrung und/oder den aktiven Willen aus rationaler Erkenntnis. Wer sich selbst darüber Gedanken macht, was die eigenen Überzeugungen und gegebenenfalls auch eigene Ängste ausmacht, die das eigene Verhalten steuern, bekommt Zugang zu diesen wichtigen Ebenen. Man nennt diese Fähigkeit „Metakognition", das Nachdenken über das eigene Denken. Metakognitive Reflexion ist heute ein wichtiger Faktor im eigenen Lernprozess. Mit ihr ist nicht garantiert, dass das, was man über sein eigenes Wissen annimmt, richtig ist. Aber man schaut sich bei dem zu, was man über sich selbst denkt und fühlt. Man entwirft eine Theorie über seinen eigenen Denk- und Lernprozess.

Kulturell ist gerade der Umgang mit Medien bei uns in Deutschland besonders moralisch aufgeladen. Dazu gleich mehr. Damit rückt er in Bereiche, über die schwer diskutiert werden kann. Fast ähnelt er auch einem Tabu. Um unsere Einstellung zu Medien aus dieser Verdeckung hervorzuholen, müssen wir sie uns bewusstmachen – und zwar mit den bei uns gleichzeitig abgespeicherten Gefühlen. Die Angst vor Medien ist letztlich ein Herrschaftsinstrument gewesen. Da wir eine demokratische Gesellschaft wollen, müssen prinzipiell der Zugang und Anspruch auf kompetenten Umgang für alle Menschen möglich sein. Die Kompetenz zu vermitteln und Gefahren bei der Nutzung zu vermeiden, liegt in öffentlicher Verantwortung und bedarf der gemeinsamen Anstrengung aller Bildungsverantwortlichen, Eltern ebenso wie Erziehenden im Rahmen eines öffentlichen Auftrags. Dabei möchten wir Sie in diesen Einheiten ein wenig unterstützen.

1.3 Medien – Kritik und Begriff

Medien umgeben uns heute überall. Und wir stoßen überall auf Medien. Sogar die Kritik an Medien erfolgt heute meist – über Medien. Es ist daher sinnvoll, Medien einmal genauer in den Blick zu nehmen. Was meinen wir, wenn wir von Medien sprechen? Und sind Medien alle gleich, oder können wir Typen unterscheiden? Beginnen wir mit einem Punkt, der uns Medien meist erst ins Bewusstsein bringt, die Kritik an Medien.

1.3.1 Medienkritik

Medien und ihre Kritik sind eine alte und zugleich aktuelle Thematik. Suchen wir ihre Anfänge auf, so reicht Medienkritik schon aus der klassischen griechischen Antike zu uns herüber. Der griechische Philosoph Platon (ca. 428/427 bis 348/347 v. Chr.) klagt bereits in seinem Dialog *Phaidros*, geschrieben etwas zwischen 370-360 v. Chr., in der so genannten „Sage von Theut" über die problematischen Wirkungen eines für ihn „ganz neuen" Mediums.

> „[...] diese Erfindung wird den Seelen der Lernenden vielmehr Vergessenheit einflößen aus Vernachlässigung der Erinnerung, weil sie im Vertrauen auf die Schrift sich nur von außen vermittels fremder Zeichen, nicht aber innerlich sich selbst und unmittelbar erinnern werden. [...] Denn indem sie nun vieles gehört haben ohne Unterricht, werden sie sich auch vielwissend zu sein dünken, obwohl sie größtenteils unwissend sind, und schwer zu behandeln, nachdem sie dünkelweise geworden statt weise." (Platon, *Phaidros*, 275a-b)

Das Medium, vor dessen verheerenden Wirkungen Platon seinen Sokrates hier warnen lässt, ist kein geringeres als das lineare Medium schlechthin, die *Schrift*! Und seither bricht die Kritik an „den" Medien nicht ab – immer scheint zumindest die nachwachsende Generation durch „Medien" gefährdet. Das steigert sich geradezu explosionsartig in der Neuzeit, in der innovative Medientechnik immer neue Medien hervorbringt.

Der Buchwissenschaftler Dietrich Kerlen hat in einer kulturhistorischen Studie die ideologischen Vorbehalte gegenüber dem Medialen als *„Medienmoralisierung"* (vgl. Kerlen 2005, 42) bezeichnet. Die bei Platon noch kritisierte Schrift wird in der Schriftkultur verabsolutiert. Kerlen sieht die Ursachen für diese Vorbehalte vor allem in einer Grundthese des Protestantismus: *Sola scriptura*, „allein die Schrift" führe zum Heil. Daraus erwachse im Protestantismus eine „auratische Buchkultur" (Kerlen 1999), die zumindest im Deutschland des ausgehenden 19. und des 20. Jahrhunderts die Offenheit gegenüber den anderen, vor allem bildorientierten Medien Kinofilm (vgl. Hausmanninger 1992) und dann Fernsehen (vgl. Postman 1985) schwierig mache.

Allerdings ist auch medial das Neue immer der Feind des Alten. Denn gehen wir dieser langen Vergangenheit nach, dann galt die Verteufelung eines Mediums immer nur unter Vorbehalt. Stets rückte das vorher kritisierte Medium unter dem Eindruck eines neuen Medienangebots zum Bildungsgut auf. Solche Debatten kamen regelmäßig wieder:

- Die Zeitungsdebatte im 16. und 17. Jahrhundert,
- im 18. Jahrhundert die Kritik an der Romanlektüre vor allem von Frauen,
- die gerade von Lehrerinnen und Lehrer betriebene „Schmutz-und-Schund-Debatte“ gegen Unterhaltungslektüre des 19. und beginnenden 20. Jahrhunderts, die sich zwar auf den ersten Blick „antikapitalistisch“ gab („Verlage machen Geld mit der Schwäche der Leser“), in Wirklichkeit aber bewahrpädagogisch war – vermeintlich „schlechte Lektüre“ wurde abgelehnt.
- Dann die Kritik am Kino,
- die Kritik am Fernsehen, das Hans Magnus Enzensberger „Nullmedium“ nannte,
- am Computer, Computerspielen und digitalen Bildschirmmedien überhaupt,
- und aktuell Kritik an den Social Media und
- die Sorge vor der Künstlichen Intelligenz (KI).

Noch heute scheint für viele „das gute Buch“ allein ein Garant für ernsthafte und ernst zu nehmende Mediennutzung zu sein. Wertende Medienreflexion, vor allem *ab*wertende Medienreflexion, ist also „ein alter Hut“. Nun scheint aber unsere Gegenwart von einer Präsenz der Medien bestimmt, die über das in der historischen Perspektive beschauliche Nacheinander von je neuen Medien hinausgeht.

Die *Digitalisierung*, die *Vernetzung* sowie die *Globalisierung* scheinen Entwicklungen zu sein, die uns besonders fordern: Drohen wir in einer medialen Welt zu versinken und den Zugang zur wahren, realen, eigentlichen Welt zu verlieren?

Bei aller Dramatik bleibt die Konstatierung dieser Veränderungen der „Medienlandschaft“ und des „medialen Handelns“ des Menschen durch *Digitalisierung, Vernetzung, Beschleunigung* und *Globalisierung* auf halbem Wege stehen. Denn sie suggeriert, dass dieser medialen „Landschaft“ eine vermeintlich „richtige“, „reale“ soziale Landschaft ohne alle Medien gegenüberstehe.

Dem gegenüber werden wir in diesem gesamten Buch die These vertreten, dass der Mensch nur als medial agierendes und sich selbst medial verstehendes Wesen zu begreifen ist, unabhängig von den jeweils historischen Ausprägungen dieser *Medialität*. Damit aber wird zugleich vorausgesetzt, dass die menschlichen Lebenswelten nur als mediale Lebenswelten gedacht werden können.

1.3.2 Medienbegriffe

Dazu ist zunächst zu klären, was unter einem Medium zu verstehen ist.

„Medium“ ist seinem lateinischen Wortsinn nach ein „Mittleres“, das zwischen zwei Andere tritt und etwas „ver-mittelt“. In unserem heutigen Medienbegriff vermitteln Medien „Inhalte“, also Bedeutungen, die an bestimmte Zeichensysteme (z. B. Buchstaben) gebunden sind.

Medien sind demnach in allgemeinster Bedeutung Träger von Sinn, Bedeutung und Bewertungen, die sie vermitteln, ohne diese Sinn-, Bedeutungs- oder Wertangebote selbst zu sein.

Mit anderen Worten: Um eine Botschaft an einen anderen zu „senden“, muss man diesen Sinn irgendwie „kodieren“ (also in ein Zeichensystem übertragen). Und diese Botschaft muss dann vom „Empfänger“ seinerseits „dekodiert“, also entschlüsselt werden, um den damit gemeinten Sinn zu verstehen.

Dieser sehr weite Medienbegriff lässt sich gut systematisieren, wenn man an der technischen Realisierung eines Mediums als Differenzierungsmerkmal ansetzt. Der Medienwissenschaftler Harry Pross hat 1972 „Medien" als interpretierungsbedürftige Symbolsysteme nach der Notwendigkeit ihrer Enkodierungs- bzw. Dekodierungstechniken unterschieden (Pross 1972, 127 f):

Primäre Medien sind für Pross Medien (also ein Vermittelndes), die sowohl für die Prozesse der Enkodierung als auch der Dekodierung keine technischen Hilfsmittel benötigen. Beispiel sind für ihn die menschliche Sprache, unsere Gestik und Mimik.

Sekundäre Medien nennt Pross Medien, die auf Seiten des Senders zur Produktion des Kommunikationsinhalts („Botschaft") ein technisches Gerät benötigen, wie z. B. beim Buch (Druckmaschine, bewegliche Lettern) oder dem Gemälde (Pinsel, Farbe, ein Träger wie Leinwand oder feuchter Putz).

Tertiäre Medien schließlich sind nach Pross Medien, die in Produktion, Verbreitung und Rezeption auf technische Geräte angewiesen sind. Beispiel sind Radio und Fernsehen (Aufnahmegeräte, technischer Übertragungskanal wie Wellen oder Kabel und Radio- bzw. Fernsehgerät), aber auch Schallplatte, CD, Telefon, Fax.

Harry Pross kannte nur diese drei Typen, inzwischen wird auch eine vierte Medienart ergänzt, die über die Frage technischer Realisierung hinaus auf die Praxis des Umgangs mit dem Medium abhebt.

Diese neuen *quartären Medien* erlauben dem einzelnen Nutzer, selbst mit pragmatisch überschaubarem Aufwand und befriedigenden Ergebnissen zum Produzenten zu werden. Die Trennung von Produzent und Rezipient löst sich auf – das quartäre Medium ist reziprok, es macht den Rezipienten zum Produzenten und umgekehrt. Diesen nennt man daher auch „Produser" oder deutsch „Produtzer", zusammengesetzt aus „Nutzer" und „Produzent" (vgl. Bruns 2006). Medien, die uns erlauben, als „Produtzer" Medien zu gebrauchen, sind die digitalen Medien, die uns Homepages, Blogs, Social Media (z. B. Facebook, Twitter, Instagram) oder andere eigene Kommunikationsgestaltung ermöglichen.

Wenn wir mit diesem breiten und erweiterten Medienbegriff von Harry Pross arbeiten, wird schnell klar, dass alles, was wir tun, medial ist – angefangen beim Erzählen einer Geschichte (primäres Medium gesprochene Sprache). Wenn wir diese Geschichte vorlesen, nutzen wir sie über ein sekundäres Medium (Buch), wenn wir sie als CD abspielen oder über DVD als Kinoversion inszeniert betrachten, nutzen wir tertiäre Medien. Und wenn Kinder auf der Internet-Plattform „Antolin“ dazu ein Quiz lösen, arbeiten wir zur Geschichte in quartären Medien. Die Geschichte kann in ihrem Erzählungszusammenhang, ihrer Handlung oder ihrem „Plot“, gleichbleiben. Die Medialität in der Vermittlung und Rezeption ist jedoch unterschiedlich und wir nutzen auch unterschiedliche Sinne zur Erarbeitung der Geschichte.

Diese Beispiele zeigen aber auch, dass der technische Medienbegriff von Harry Pross nicht allein ausreicht, um zu verstehen, was Medien sind. Der Schweizer Medienwissenschaftler Heinz Bonfadelli unterscheidet 2002 drei verschiedene Medienbegriffe:

- *Technischer* Medienbegriff: Geräte, die vermitteln (wie bei Harry Pross),
- *Zeichentheoretischer* Medienbegriff: Bedeutungen, die in bestimmten Textarten und Symbolsysteme kodiert und vermittelt werden, also Texte, Filme, Bilder etc.,
- *Sozio-institutioneller* Medienbegriff: Organisationen und Institutionen, die Medien herstellen, verbreiten und bewirtschaften, z. B. Konzerne, Rundfunkanstalten, Verlage etc.

Diese Typologie von Bonfadelli macht die vielfältigen Funktionen von Medien deutlich:

- Medien *transportieren* Inhalte: speziell als technische Geräte.
- Und Medien *sind* Botschaften und Inhalte: als Zeichensysteme.
- Und Medien *gestalten*, filtern, promoten und unterdrücken Inhalte: als Institutionen.

1.3.3 Medialität und Mediatisierung

Medien sind also nicht einfach alles, was nicht ein Buch ist, sondern eine grundsätzliche Vermittlungsinstanz, die uns selbst mit der Welt verbindet – daher ist auch das Buch ein Medium.

Wir verstehen die Welt nur in unserer Sprache und Kultur, die uns vermittelt wurde, und wir kommunizieren mit anderen Menschen nur in Zeichen und Symbolen, die als Vermittler zwischen uns und die anderen treten.

Setzen wir diese weite Bedeutung von Medium voraus, dann wird der Umgang des Menschen mit Medien nicht zu einem historisch zufälligen, wenn auch erfolgreichen Meilenstein. Vielmehr müssen wir die Medienpraxen des Menschen (und die Faszination, die Medien auf den Menschen ausüben) als Ausdruck einer grundsätzlichen *Medialität* des Menschen verstehen. Menschen sind Wesen, die diese Symbolisierung und Zeichenhaftigkeit brauchen und gebrauchen, um Welt zu verstehen und darüber zu kommunizieren. Es beginnt schon bei der Sprache. Kinder verstehen die Welt, indem wir sie ihnen benennen. Sprache, in welcher Form auch immer, ist das erste und grundlegende Medium. Wenn wir das erkennen, wird zweierlei deutlich:

1. Diese für den Menschen grundsätzliche Medialität macht eine medienfreie Lebenswelt undenkbar. Medienkritik kann sich nur auf *bestimmte* Medieninhalte und *bestimmte* Medienpraktiken beziehen – nicht auf Medien schlechthin.
2. Die Bedürftigkeit, Welt und Mitmenschen medial zu erfassen, macht die Fähigkeit oder Kompetenz notwendig, dies auch wirklich eigenständig, bewusst und verantwortungsvoll zu tun. Problematische Mediennutzung wird nicht durch Medienverbote *beendet*, sondern kann nur durch Medienkompetenz *verändert* werden.

Damit kommen wir zu einem weiteren Aspekt, nämlich der Erkenntnis, dass der Mensch zwar grundsätzlich immer eine Welt hat, die nur medial gedacht werden kann (*Medialität*). Aber historisch realisiert sich diese Medialität unterschiedlich in den jeweiligen zeitgemäßen Medienpraktiken. Veränderte mediale und medientechnische Kommunikationsmöglichkeiten führen immer zu veränderten medialen Kommunikationspraktiken. Der Bremer Medienwissenschaftler Friedrich Krotz hat diesen grundsätzlichen Prozess als *Mediatisierung* (Krotz 2007) bezeichnet.

Dieser etwa sperrige Ausdruck meint also bewusst etwas anderes als das gängigere „Medialisierung". Medialisierung ist eine mögliche mediale Gestaltung eines Inhalts – aus einem Buch zum Beispiel ein Hörspiel oder einen Film zu machen.

Mediatisierung aber meint einen „Meta-Prozess“, der immer schon, seit Menschen medial kommunizieren, abläuft. Er bezeichnet

> „eine Vielfalt von übergreifenden, zum Teil bereits Jahrhunderte dauernden Entwicklungen, die schon vor der Erfindung der Schrift begonnen haben und mit der Erfindung der heute vorhandenen Medien noch lange nicht beendet sind“ (Krotz 2007, 12).

Und das oben angeführte Beispiel von Platons Kritik an der Schrift zeigt: es ist gar nicht so einfach, die neuen Praktiken aus der gegenwärtigen und individuellen Sicht des Betrachtenden und in ihrer kollektiven Nutzungs- und Gestaltungsdimension für die Zukunft angemessen einzuschätzen.

Die allgemein als zeitgemäß proklamierten (neuen) Medienpraktiken treffen – oft ohne Berücksichtigung oder Bewertung der dahinterstehenden gesellschaftlichen Interessenslagen – dabei zunächst auf differenzierte und im Zeitverlauf variable Haltungen und Mediennutzungen der einzelnen Individuen. Später gehen oft große Teile der Mediennutzungskompetenz in den Bestand gesellschaftlich akzeptierter Kulturtechniken über.

1.4 Mediennutzung

Medien eröffnen also Möglichkeiten, Inhalte in sehr unterschiedlicher Weise aufzubereiten. Doch das Kulturgut Medium ist auch ein *politisches* und ein *Wirtschaftsgut*. Einerseits bieten Medien dem Markt ganz unterschiedliche und auch neue Möglichkeiten, mit Inhalten und ihrer Vermittlung Geld zu verdienen. Und dies ist zunächst auch völlig legitim. Andererseits können – oftmals in Abhängigkeit zum Wirtschaftsbereich – durch Medien Informationen gesteuert, Meinungen und Verhalten beeinflusst und (Herrschafts-) Strukturen geschaffen bzw. fortgeschrieben werden.

Angesichts dieser Chancen und Herausforderungen sind in einer demokratisch verfassten Gesellschaft umfängliche Kompetenzen, hohe Verantwortungsbereitschaft und das aktive Eintreten für Bürgerrechte, Gewaltenteilung, Transparenz, Gemeinwohlorientierung, Inklusion und eine lebensbegleitende Volks-Bildung auf allen Ebenen erforderlich. Die Breite dessen, was Medien sein können, zeigt sich auch auf der Nutzerseite: Ganz unterschiedliche Aspekte kommen bei den Rezipienten zum Tragen.

Das Interesse von Jungen an Medien ist eher an technischer Innovation orientiert, das Interesse von Mädchen hat eher die erweiterten Handlungs-, vor allem aber Kommunikationsmöglichkeiten von Medien im Blick. Beiden Geschlechtern gemein ist allerdings bei medialen Aktivitäten ein Interesse am Plot, an der „Geschichte“, an der Handlung, die vermittelt wird: „Erst die Themen, dann die Medien“ (vgl. Marci-Boehncke/Rath 2007). *Medien sind nicht Selbstzweck.*

Daher verwundert es nicht, dass Kinder und Jugendliche häufig versuchen, sich bestimmte Themen, die für sie im Rahmen ihrer Entwicklung wichtig sind, möglichst umfassend *anzueignen*. Dazu nutzen sie eigene, aber auch auf dem Markt befindliche Angebote. Sie reden wie „Darth Vader“ aus *Star Wars* oder kleiden sich wie TV-Sternchen aus *Germany's Next Topmodel* – übrigens geschieht dies auch, ohne dass Kinder und Jugendliche die jeweiligen Filme oder TV-Sendungen gesehen haben müssen. Die „Helden“ und „Idole“ sind als Medienfiguren vermarktet und von der Gleichaltrigengruppe thematisiert. Damit sind sie „in“ und werden übernommen.

Identifikationen mit Medienhelden fordern – analog zu einer entsprechend verbreiteten Erwartung von Bedürfnisbefriedigung – zu einer möglichst „vollständigen

Aneignung" heraus. Das Vorbild wird nachgeahmt. Man möchte alle Bücher oder DVDs haben von einer Serie – und auch den Film dazu sehen und das T-Shirt mit dem Darsteller und/oder Protagonisten darauf haben und sich im Chat mit anderen Fans über dieses eine Thema in allen Verästelungen austauschen. Dieses Interesse war nie anders und wurde auch immer schon von einem Medienmarkt bedient (Beispiele sind die Flut an Schmachtromanen im Stile von Goethes „Werther" und die Fußball-Sammelbilder und -alben seit 1961). Und dieses thematisch orientierte Rezeptionsverhalten mit gleichzeitiger Konsumorientierung zeigen bereits Kinder im Kita-Alter (vgl. Marci-Boehncke/Rath 2014).

Die Medienwirtschaft im Speziellen und die die Medienbegeisterung nutzende Wirtschaft überhaupt schaffen und instrumentalisieren diese Begehrlichkeiten: Sie wollen ökonomischen Gewinn aus diesen Interessen ziehen. Dies ist zunächst ein Faktum. Es soll an dieser Stelle auch nicht um eine Bewertung des Marktes gehen, sondern nur um eine Darstellung.

Die *Präsenz eines Themas in verschiedenen Medien*, wobei alle Medien eine unterschiedliche Funktion haben, wird als *Medienverbund* bezeichnet. Zunächst geht es dabei um die Präsenz der Geschichte und Handlung (den „*Plot*") oder auch nur von Teilaspekten, z. B. den Protagonisten, in anderen Medienprodukten:

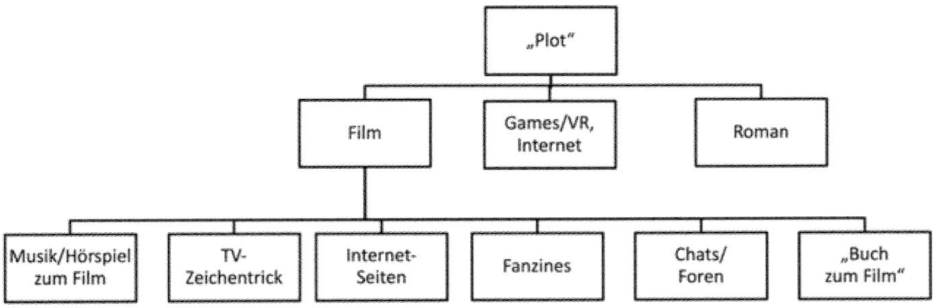

Abb. 1: Modell zum Medienverbund (Darstellung G. Marci-Boehncke)

Produkte, die das mediale Thema nur aufgreifen, aber nicht als „Medien" im engeren Sinne zu bezeichnen sind, nennt man „Merchandising-Artikel" („merchandising" englisch für „Vermarktung"). Die Verbindung eines an sich nicht medialen Produkts – wie etwa die Frühstücksbrotdose, die Frühstücksflocken, T-Shirt oder Bettwäsche – mit einem medialen Protagonisten oder einem Medienformat wirkt verkaufsfördernd.

Jeder erfolgversprechende „Plot", also jede interessante Geschichte, wird heute über den gesamten Medienverbund produziert – man spricht hier auch ganz realistisch und klar von einer „Verwertungskette“. Dabei spielt es weniger eine Rolle, welche mediale Form „zuerst“ auf den Markt kam und die Leitfunktion übernimmt – bei den Pokémon-Gestalten etwa waren es die Spielkarten, noch vor Film, PC-Spiel und anderen Medien.

Für Kinder und Jugendliche ist die ökonomische Seite subjektiv weniger wichtig – obwohl sie diese objektiv durch ihr Konsumverhalten natürlich bedienen. Für die Familie hingegen kann eine ökonomisch wenig reflektierte Nutzung zu ernstzunehmenden Problemen führen – ein Beispiel sind Abos oder andere „Handy-Gebühren“.

Kinder und Jugendliche sehen aber den Medienmarkt eher von der Seite der Rezipierenden her – das heißt, sie wollen „ihrem Thema“ in möglichst vielen Varianten begegnen, z. B., indem sie versuchen, in vielen verschiedenen Medien Informationen zu finden. Dazu wechseln sie zwischen den Medien hin und her und steuern heute gerade auch im Internet viele Medien über den Computer oder das Smartphone an.

Dieses Verhalten wird in der deutschen Forschung als *Medienkonvergenz* bezeichnet (vgl. Wagner/Theunert 2006) – verschiedene Mediennutzungsformen treten zusammen auf, die Nutzer*innen selbst also „binden“ die Medienangebote im Hinblick auf ein Thema z. T. sehr individuell „zusammen“.

Diese Medienkonvergenz der Jugendlichen bleibt aber nicht bei der bloßen Rezeption stehen, sondern – und diese gilt es als Anschlusshandlung zur Medienrezeption auch breit zu fördern – die Jugendlichen als Produzierende nutzen die Medien als Verbreitungswerkzeug, wollen eigene Texte über verschiedene Medien zu ihrem Thema gestalten. Das kann eine Internetseite sein, aber auch ein Bild oder ein Song – oder ein weiter geschriebener Text. Hier begegnet uns der *„Produtzer“* von Axel Bruns.

Partizipieren und (Mit-)Teilen und Zusammenarbeiten an und in einer sozialen Gruppe sind die wichtigsten Bedürfnisse heutiger Jugendlicher. Sie suchen die Selbstvergewisserung im Austausch mit anderen ihrer Generation. Diese gemeinsame Arbeit der Kinder und Jugendlichen an ihren in der Peer-Group relevanten Medien ist die maßgebende und häufig auch verwirrende Ursache für Probleme oder auch nur Unsicherheiten in der familiären (Medien)-Erziehung.

Dies gilt übrigens für *alle* Kinder und Jugendliche, egal aus welchem Milieu sie stammen, ob sie eine oder mehrere Erstsprachen haben, ob sie mit oder ohne Migrationsgeschichte oder mit oder ohne Behinderung sind.

1.5 Medienerziehung für die Zukunft

Medien gehören zu unserer Kultur. Sie können Spaß machen, sie helfen bei Informationssuche und Verwaltung, lassen die Welt zusammenrücken. Ein Buch als Exemplar seiner Gattung ist ein Medium – ebenso wie ein Online-Spiel. Es ist per se nicht besser oder schlechter als ein Computerspiel – es ist zunächst nur medial anders. Mit Blick auf Familien mit Klein- und Kleinstkindern müssen aber die Spezifika des jeweiligen Mediums hinsichtlich Präsenz und Nutzung mit den physiologischen, sozialen und emotionalen Entwicklungsstufen der Kinder abgestimmt und verantwortlich gelenkt werden. Dabei sind digitale Medien natürlich zu differenzieren und daraufhin zu prüfen, ob Inhalte, mediale Vermittlung und das Alltagssetting sicher und vorhersehbar gestaltet und gesteuert werden können.

Problematisch sind divergierende Passungen, abweichendes Vorbildverhalten, eine quantitative Unausgewogenheit, unreflektierte Beschäftigungsinstrumentalisierung oder eben der Einsatz „schlechter"[1] (weil bezogen auf die kommunikativen Inhalte unangemessener) Medien. Man findet auf dem Markt übrigens auch viele im Konkreten „schlechte" analoge Medien wie z. B. Bücher. „Buchnutzende" sind also nicht die besseren Menschen.

> Fakt ist: Das Buch ist nach jahrhundertelanger Vorherrschaft heute für unsere Gesellschaft insgesamt nicht mehr das Leitmedium – auch wenn es z. B. in Forschung und Wissenschaft immer noch als Maßstab für die Bildungsorientierung von Familien herangezogen wird.

1 Die Frage, was ein „schlechter" Inhalt ist, entscheidet sich an der Nutzung: Man muss berücksichtigen, wer den Inhalt rezipieren soll, welche Bedürfnisse und Voraussetzungen die Person hat und was mit diesem Inhalt „erreicht" werden soll. Wir sprechen hier immer von Inhalten, die in Erziehungskontexten eingesetzt oder beurteilt werden, die also explizit eine Sozialisationsfunktion besitzen sollen, für die entsprechenden Kinder „passen" sollen. In der Literaturwissenschaft werden Texte dann als sinnvoll angesehen, wenn sie an allgemeine, existentielle Fragestellungen oder Bedürfnisse anknüpfen und zum Nachdenken anregen. Sie müssen darüber hinaus auch die Motivation der Lesenden und ihre Lesekompetenzen angemessen berücksichtigen, sollten für die Lesenden die „Zone der nächsten Entwicklung" (Wygotski 1987, S. 83) in Form und Inhalt anbieten.

Selbst das (geschriebene und gesprochene) Wort – oftmals das Synonym für Wahrheit und sichere Vereinbarungen – verliert im Prozess der Mediatisierung an Klarheit und Bedeutungskraft und gerät in zunehmende Konkurrenz mit Symbolen und Bildsprachelementen.

Die Diskussion um die Bedeutung von Medien – analogen wie digitalen – ist immer auch eine Diskussion um Kultur und kulturelle Definitionshoheit. Das Konzept der Mediatisierung hilft uns zu verstehen, dass und warum sich Mediennutzung ändert. Neue Medienangebote, häufig aus kommerziellen Gründen erst auf den Markt geworfen, werden von der medienaffinen „jüngeren" Generation aufgegriffen und angeeignet: Ob man es nun als Kommerzialisierung bezeichnet oder als medial neues Freizeitverhalten akzeptiert – im Endeffekt ist Medienwandel immer eine Entwicklung „der Jugend", die die Bahnen der „älteren" Generation verlässt.

Familien sind die erste Sozialisationsinstanz, um der nachwachsenden Generation zu helfen, sich dabei nicht zum Spielball kommerzieller oder auch politischer Interessen zu machen, sondern eigenverantwortlich, mit Freude und Gewinn den „eigenen Medienweg" zu finden.

Der notwendige Anteil an öffentlicher Verantwortung zur Erreichung dieser Ziele wurde in den vergangenen Jahrzehnten allerdings – wenn überhaupt – nur über die direkten Bildungseinrichtungen des vorschulischen und schulischen Bereichs bedient. Auch mit der alle Lebensbereiche betreffenden Digitalisierung/ digitalen Mediatisierung sind Familien weitgehend auf sich selbst gestellt.

Das war, wie wir aus der Mediatisierungstheorie lernen können, nie anders. Viele Ältere kennen vermutlich noch aus der eigenen Kindheit und Jugend Diskussionen in der Familie zum Thema Comic oder Fernsehen, zu Musikkassetten oder zum „eigenen Telefon".

Wichtig ist dabei, die Ebenen der Inhalte und Werte sowie die der Formen und Alltagsintegration voneinander differenzieren zu können. Familien zu unterstützen, das rechte Maß zwischen Kontrolle und Freiraum zu finden, hat damit zu tun, ob wir bzw. Eltern die grundsätzliche Berechtigung dieser auch medialen Ablösungsprozesse kennen und akzeptieren.

Und diese Differenzierungsfähigkeit ist keineswegs allein bildungs- oder einkommensabhängig. Eine aktuelle Studie von Oberlinner u. a. (2023) hat anhand qualitativen Familienfallstudien gezeigt, dass häufig die Probleme von Kindern im Umgang mit modernen, v. a. digitalen Medien komplex sind und auch vom Medienhandeln der Eltern selbst abhängen. So zeigt z. B. das Familienprofil der ökonomisch gut gestellten Familie Gross (Oberlinner u. a. 2023, s. 83-89; Name fiktiv), dass technisch breite mediale Teilhabe ermöglicht wird. Aber gleichzeitig fehlt den Eltern die Bereitschaft, die Perspektive des anderen, hier des Kindes, einzunehmen. Obwohl also breit medial agiert wird, bleibt die mediale Eigenständigkeit des Kindes aufgrund der starken „Medienmoralisierung“ (Kerlen 2005) der Eltern fragil. Was sich hier in der Begleitung von Familie ausdrückt und bearbeitet werden sollte, betrifft das Verständnis *kultureller Definitionsmacht*: die ältere Generation definiert, was wichtig, gut und richtig ist. Sie erhebt den Anspruch, kultureller Maßstab zu sein. Und dies zu einem guten Teil auch aus gutem Grunde. Ein „Laissez faire“-Erziehungsstil, also ein Stil, der die Kinder und Jugendlichen „einfach machen“ lässt, ist genauso wenig geeignet, auf Zukunft vorzubereiten, wie rigide Bedürfniskontrolle und -verweigerung.

Für Familien mit Klein- und Kleinstkindern sind diese pubertären Ablösungs- und Selbstfindungsprozesse oft noch eine Zukunftsvision oder Gesprächsstoff mit Freunden, allerdings sollte ihnen bewusst sein, dass die Grundlagen und Ressourcen zur aktiven Bewältigung dieser Transitionsprozesse bereits jetzt in der frühen Kindheitsphase gelegt werden. Seitens der professionellen Bildungseinrichtungen sowie der Familienbildung wird daher eine Orientierung auf diese basale Beziehungs- und Entwicklungsförderung inklusive einer Werteerziehung und eines reflektierten Vorbildverhaltens Teil ihrer medienpädagogischen Bemühungen sein müssen.

Das „rechte Maß“ lässt sich allerdings nicht für jeden Fall über einen Leisten schlagen – jeder Fall, jede Familienkonstellation ist anders, wie die eben zitierte Studie von Oberlinner u. a. (2023) anhand von zehn pädagogisch begleiteten und analysierten Familien zeigt. Im Kapitel „Erziehungskompetenz“ werden wir das noch genauer diskutieren. Im Anhang dieser Einheit finden Sie aber schon einmal eine einfache Übung, die Ihnen selbst und auch den von Ihnen begleiteten Familien helfen kann, diesen Wandel bewusst wahrzunehmen und sich zugleich der eigenen Ablösungsprozesse zu erinnern.

Historisch gesehen, haben sich Jugendliche spätestens seit der Aufklärung in unserer Gesellschaft immer mehr und mehr einem rigiden Anspruch zu entziehen versucht. Sie haben heimlich „unter der Bettdecke“ gelesen, sind heimlich ins Kino gegangen, haben ferngesehen, Computer gespielt oder sich bei Facebook angemeldet. Solche vermutlich eher unbeholfenen Versuche der Grenzüberschreitung gibt es auch in Familien mit Klein- und Kleinstkindern, da die optischen und akustischen Reize der Gerätschaften und die unmittelbare (Selbst-) Wirksamkeit bei der Nutzung digitaler Medien eine unverkennbare Anziehungskraft auch auf kleine Kinder haben. Diese hängt aber auch stark vom erlebten Vorbildverhalten von Eltern und älteren Geschwistern ab.

Allerdings – und dies macht es so schwierig, das „rechte Maß" zu finden – hat sich die Entwicklungsgeschwindigkeit der Medieninnovationen extrem beschleunigt, vor allem durch technische Innovationen wie elektronische Medien und heute Digitalisierung. Bis ins 20. Jahrhundert hinein, also 500 Jahre, war der Buchdruck primäre Medientechnik. In nur einem Jahrhundert ging es dann rasant von Rundfunk über Computer und Mobilfunk bis hin zu den heutigen digitalen Kleingeräten, die Text, Film, Musik, Kommunikation und Spiel zusammen in die Hosentasche packen.

Diese *Digitalisierung* hat viele Medienpraktiken grundlegend verändert. E-Mail und Chat-Programme machen Kommunikation zeitversetzt, aber zugleich extrem schnell möglich. Das Internet eröffnet völlig neue und individuelle Recherche-Möglichkeiten, zum Beispiel in Bibliotheken, ohne körperlich dort anwesend zu sein, Käufe und Vertragsabschlüsse etc. sind heute online möglich und vieles mehr. Hinzugekommen sind eine vielfältige Interaktivität, erweiterte Gestaltungsmöglichkeiten, eine breite Öffentlichkeit und eine permanente Speicherung der Mediennutzung. Gleichzeitig entsteht die Möglichkeit – auch im uns allen zugänglichen „clearnet", das wir alle als „www" kennen – zu einer vermeintlichen Anonymität oder Selbsterschaffung über Avatare. Technik und Nutzung tragen dabei Elemente von Grenzenlosigkeit, Unverbindlichkeit und suggerieren z. T. auch eine Konsequenzlosigkeit des eigenen Medien-Handelns. Mit immer stärker werdenden Künstlichen Intelligenzen (KI), wie wir sie inzwischen im Bereich der Text-, Bild-, Video-, und Tonbearbeitung haben (Stichwort: *ChatGPT*), wird kaum mehr unterscheidbar, ob Menschen oder Maschinen die inhaltliche Verantwortung für Medien besitzen. Informationen werden dabei von „halluzinierenden" (Raunak u. a. 2021), also auch frei erfindenden Maschinen geschickt formuliert und professionell produziert, und es ist nicht immer leicht, herauszufinden, was wahr und was falsch ist.

Menschen, die nach 1990 geboren wurden, können sich gar nicht vorstellen, wie Alltag und Kommunikation im vordigitalen, weitgehend nur analogen Zeitalter abgelaufen sind. Mit Clayton Christensen (2011) spricht man in Bezug auf die Digitalisierung daher auch von einer „*disruptiven Technologie*", also einer neuen Technik, die nicht mit althergebrachten Vorstellungen, genauso wenig aber auch mit einem rein nutzungsorientierten Halbwissen verstanden oder beherrscht werden kann.

Insofern stehen heute alle Familienmitglieder jeden Alters vor der Herausforderung eines persönlichen kompetenten Umgangs in und mit einer zunehmend digital mediatisierte Lebenswirklichkeit.

Anders als früher, wo die technischen Entwicklungen langsamer gingen und die Eltern grundsätzlich bei den Medienpraxen lange mithalten konnten, haben wir heute eine neue generationelle „Wissenskluft“: Viele Eltern – obwohl selbst schon im digitalen Zeitalter aufgewachsen – wissen auch bei vorhandenem Sorge-Anspruch und Interesse häufig gar nicht mehr, was ihre Kinder im Detail medial machen. Sie verstehen vielleicht noch die Bedürfnisse, beherrschen die Technik aber keinesfalls immer angemessen, haben vielfach keine sichere Haltung, zu wenig Zeit und Kontakt zu ihren (jugendlichen) Kindern und flüchten überfordert in Kurzschlussreaktionen oder Resignation. Zukunftskompetenzen scheinen sich immer weiter zugunsten der jüngeren Generation zu verlagern.

Die amerikanische Ethnologin Magret Mead hat für solche Generationenverhältnisse in den siebziger Jahren des 20. Jahrhunderts die folgende Klassifikation eingeführt (vgl. Mead 1970, S. 27):

- *Postfigurative Gesellschaft* – hier lernen Kinder primär von der älteren Generation,
- *Kofigurative Gesellschaft* – hier lernen Eltern und Kinder die relevante kulturelle Praxis aus der eigenen Generation, und schließlich die
- *Präfigurative Gesellschaft* – hier lernen Erwachsene kulturelle Praxis auch von ihren Kindern.

Wir sind in den modernen Gesellschaften auf dem Sprung in eine *präfigurative Gesellschaft*, in der die Orientierung der kulturellen Praxis an den Jüngsten vorgenommen wird. Die technische Wissenskluft ist nicht mehr das Schicksal weniger, sondern wird ein Grundzug unserer Zukunft sein. Es wäre daher unverzeihlich, würden wir in Bildungsinstitutionen weiterhin ein mediales Bildungskonzept vertreten, dass allein am analogen Medium Buch orientiert ist. Der US-amerikanische Medienpädagoge Henry Jenkins und seine Kollegin Wyn Kelly (2013, S. 9) bezeichnen dies zu Recht als ein „system designed for an outdated world“, ein Bildungssystem, das die Kinder für eine längst überholte, veraltete Welt vorbereitet. Aber diese Wissenskluft zwischen den Generationen kann man vielleicht überwinden durch „kulturellen Austausch“ zwischen den Generationen.

In der pädagogischen und Bildungsarbeit der Familienbildung gelten Eltern bisher als (die) Expert*nnen für ihre Kinder. Sie kennen deren großen und kleinen Verhaltensweisen, ihre Interessen und Vorlieben, ihre Ängste und Träume, Stärken und Schwächen. Eltern können die Gestik und Körpersprache ihrer Kinder „lesen“ und mit ihrer Emotionalität umgehen. Sie kommunizieren situationsangemessen, geben durch aktives Handeln Orientierung, setzen deren Entwicklungsphasen in den Familienstrukturen um und konstruieren mit ihnen tagtäglich den gemeinsamen Alltag. Dies zeichnet sie als Expert*innen ihrer Kinder aus, auch wenn sie natürlich nicht alle Potenziale und Entwicklungen erkennen oder voraussagen können.

Diese faktische Rolle und Kompetenz ist die Grundlage von Bewusstseinsbildung, Reflexion, Teilhabe, Dialog, Empowerment und experimenteller (Neu-) Orientierung in der Familienbildung. Es stellt sich vor dem Hintergrund grundlegender kultureller Wandlungsprozesse die Frage, ob dieses Expertentum von Eltern strukturell bedroht ist bzw. ob die Familienbildung diese Grundeinschätzung verloren geben will. Die praktische Beschäftigung mit Eltern zu medienpädagogischen Themen in der Familienbildung führt quasi automatisch immer zu den basalen Themen von Bindung, Rollen, Familienkultur, Werten, Vorbildern, Kommunikation, Bildungsanspruch, Fremdeinflüssen, Grenzen, Konflikten, Selbststeuerung sowie Entwicklungs- und Ablöseprozessen zurück.

Kinder und Jugendliche in allen Altersphasen brauchen auch weiterhin Impulse und Unterstützung in ihren Findungsprozessen. Hier sind Eltern angesichts der Allgegenwart moderner Medien besonders gefordert, ihr Expertentum durch eine Konzentration auf Beziehungsstrukturen und thematische Inhalte kontinuierlich, beginnend in der Kleinstkind-Phase, zu stärken.

Kurz: Interessiert am Kind dran bleiben, den Rahmen für Selbstständigkeit altersgerecht stecken und immer wieder nachjustieren!

So kann auch weiterhin eine sorgsame Elternschaft und eine autonome Persönlichkeitsentwicklung der Kinder in den Familienstrukturen bis hin zur Ablösung und Selbstständigkeit gelingen. Für den Umgang mit Klein- und Kleinstkindern steht zwar das analoge Bindungshandeln und eine förderliche Teilhabe an den Selbstlernprozessen der Jüngsten im Vordergrund, trotzdem muss auch hier bereits die Mediatisierung der Lebenswelt von den Eltern inhaltlich mitgedacht und im eigenen Verhalten vorbildhaft berücksichtigt werden.

Die pädagogischen Kräfte in der Familienbildung stellen die Analysekompetenzen, können Kriterien benennen, nach denen auch Inhalte und Formen neuer Medien beurteilt werden können, und helfen damit Eltern, die mediale Realität ihrer Kinder und Jugendlichen zu verstehen. Die Kinder und Jugendlichen sind mit einer interessierten Gelassenheit der Eltern bezüglich der Formen unter Umständen schneller in der Lage, sich bei den technischen Möglichkeiten zu orientieren. Im gemeinsamen Handeln mit Medien können in den Familien diese Kompetenzen ausgetauscht und damit kann die Wissenskluft verringert werden.

1.6 Zur Übung: Mein Leben mit Medien

Die hier zusammengestellten Informationen über Begriffe, Konzepte und Theorien zu Medien und Mediennutzung, zu Medienwandel und Mediengenerationen sollen Ihnen helfen, sich aus einer *theoretischen* Position heraus mit diesem vielfältigen Themenfeld zu beschäftigen. Es ist quasi der „Hintergrund", vor dem die anderen Lerneinheiten dieses Buches „spielen". Ein wichtiger nächster Schritt für die *praktische* Orientierung ist die Konkretisierung Ihres neuen Medienwissens. Konkret heißt, es geht also nicht um Begriffe, sondern erlebte und vermutete Praxis, die uns heute begegnet und vielleicht auch Angst oder Sorge bereitet.

Wir haben gesagt, „Medien waren immer ...". Probleme, die wir heute in Familien (aber auch in der Schule oder auch in der öffentlichen Diskussion) erleben, werden entschärft, wenn wir „das rechte Maß" finden, unsere Erfahrung einzuordnen (Pfaff-Rüdiger u. a. 2020). Dabei soll Ihnen die Übung „Medienbiographie" helfen. Dazu finden Sie auf S. 39 ein Arbeitsblatt mit dem Titel „Medienbiographie". Sie finden darauf elf Fragen zu Ihrer eigenen Mediennutzung, unterteilt nach Vorschul-/Grundschulalter und Ihrer Zeit als Jugendliche/r.

Am besten suchen Sie sich einen Partner, eine Partnerin, der oder die sich möglichst von Ihnen unterscheidet, z. B. nach Geschlecht, Alter, aufgewachsen in der Stadt oder auf dem Land, mit oder ohne Migrationshintergrund etc. Jede/r von Ihnen bekommt einen Ausdruck der Medienbiographie. Gönnen Sie sich ruhig eine halbe Stunde – und füllen Sie das Blatt gemeinsam aus! Sprechen Sie Fragen miteinander durch, schwelgen Sie ruhig ein wenig in Erinnerungen. Und dann sehen Sie mal, wie unterschiedlich oder auch wie ähnlich Medienbiographien sein können – und wie wichtig Ihnen Ihre eigenen Erinnerungen und Ihre eigenen Erfahrungen sind... Sie werden staunen.

Für manches Einstiegsgespräch in der Familienbetreuung kann diese gemeinsame Erfahrung, dass alles gar nicht so klar und einfach ist in Sachen Mediennutzung, hilfreich sein. Vielleicht nehmen Sie das Blatt zum nächsten Gespräch einfach mal mit ...

1.7 Literatur

Hier sind die bibliographischen Angaben zu der in dieser Lerneinheit zitierten und erwähnten Literatur in alphabetischer Reihenfolge der Autorinnen und Autoren aufgeführt. Falls Sie sich noch einmal vertieft mit der Thematik dieser Einheit beschäftigen wollen, finden Sie im Internet den Beitrag

Gudrun Marci-Boehncke/Matthias Rath. 2009. MediAlltag – Mediennutzung Jugendlicher als CopingStrategie. In: *Neue Medien im Deutschunterricht*, 1/2009: „Neue Medien im Deutschunterricht – eine Zwischenbilanz“, hrsg. von Volker Frederking und Hartmut Jonas, S. 61-87; www.ag-medien.de/dokumente/Online%20Zeitschrift/Online-Zeitschrift-Komplett_2009-08-25.pdf.

Zitierte Literatur

Biermann, Ralf. 2009. *Der mediale Habitus von Lehramtsstudierenden. Eine quantitative Studie zum Medienhandeln angehender Lehrpersonen*. Wiesbaden: VS.

Blackwell, Courtney K., Lauricella, Alexis R. & Wartella, Ellen. 2014. Factors influencing digital technology use in early childhood education. *Computers & Education 77*, 82-90.

Bonfadelli, Heinz. 2002. *Medieninhaltsforschung. Grundlagen, Methoden, Anwendungen*. Konstanz: UVK.

Bruns, Axel. 2006. Towards Produsage: Futures for User-Led Content Production. In Sudweeks, Fay, Hrachovec Herbert & Ess, Charles (Hrsg.), *Proceedings: Cultural Attitudes towards Communication and Technology 2006*. Perth: Murdoch University, S. 275-284. https://produsage.org/files/12132812018_towards_produsage_0.pdf.

Christensen, Clayton. 2011. *The Innovator's Dilemma. Warum etablierte Unternehmen den Wettbewerb um bahnbrechende Innovationen verlieren*. München: Vahlen.

Hausmanninger, Thomas. 1992. *Kritik der medienethischen Vernunft: Die ethische Diskussion über den F ilm in Deutschland im 20. Jahrhundert*. München: Fink.

Jenkins, Henry & Kelly, Wyn (Hrsg.). 2013. *Reading in a Participatory Culture. Remixing Moby-Dick in the English Classroom*. New York, London: Teachers College Press.

Kerlen, Dietrich. 1999. Protestantismus und Buchverehrung in Deutschland. In Böning, Holger, Kutsch, Arnulf & Stöber, Rudolf (Hrsg.), *Jahrbuch für Kommunikationsgeschichte*. Band 1. Stuttgart: Steiner, S. 1-22.

Kerlen, Dietrich. 2005. *Jugend und Medien in Deutschland. Eine kulturhistorische Studie*. Weinheim: Beltz.

Krotz, Friedrich. 2007. *Mediatisierung. Fallstudien zum Wandel von Kommunikation*. Wiesbaden: VS.

Marci-Boehncke, Gudrun & Rath, Matthias. 2007. *Jugend – Werte – Medien. Die Studie*. Weinheim: Beltz.

Marci-Boehncke, Gudrun. 2018. Digitales Lesen: Merkmale, Chancen und bildungspolitischer Herausforderungen. In Kalina, Andreas, Krotz, Friedrich, Rath, Matthias & Roth-Ebner, Caroline (Hrsg.), *Mediatisierte Gesellschaften. Medienkommunikation und Sozialwelten im Wandel* (Tutzinger Studien zur Politik). Baden-Baden: Nomos.

Mead, Margaret. 1970. *Cultures and Commitment. A Study of the Generations Gap*. New York: Bodley Head.

Pfaff-Rüdiger, Senta, Oberlinner, Andreas & Eggert, Susanne. 2020. *Zwischen Bibi Blocksberg und Alexa. Medienbiographische Erfahrungen von Eltern und ihr Einfluss auf die Medienerziehung*. Zweiter Bericht der Teilstudie „Mobile Medien und Internet im Kindesalter – Fokus Familie". München: JFF. www.jff.de/mofam.

Platon. *Phaidros*. http://gutenberg.spiegel.de/buch/platons-werke-2430/5.

Postman, Neil. 1985. *Wir amüsieren uns zu Tode. Urteilsbildung im Zeitalter der Unterhaltungsindustrie*. Frankfurt am Main: Fischer.

Pross, Harry. 1972. *Medienforschung. F ilm, Funk, Presse, Fernsehen*. Darmstadt: Carl Habel Verlagsbuchhandlung.

Raunak, Vikas, Menezes, Arul & Junczys-Dowmunt, Marcin. 2021. *The Curious Case of Hallucinations in Neural Machine Translation*. arXiv:2104.06683. https://doi.org/10.48550/arXiv.2104.06683.

Wagner, Ulrike & Theunert, Helga (Hrsg.). 2006. *Neue Wege durch die konvergente Medienwelt*. München: Verlag Reinhard Fischer.

Wygotski, Lew S. 1987. Das Problem der Alterstufen. In Wygotski, Lew S., *Ausgewählte Schriften Bd. 2*. Köln: Pahl-Rugenstein, S. 53-90.

Zillien, Nicole & Haufs-Brusberg, Maren. 2014. *Wissenskluft und Digital Divide*. Baden-Baden: Nomos.

Fragen zur Mediennutzung	… im Vorschul-/Grundschulalter	… als Jugendliche
Mein Lieblingsbuch?		
Meine Lieblingssendung im Fernsehen?		
Mein Lieblingsfilm?		
Meine Lieblingszeitschrift?		
Mein Lieblingscomputerspiel?		
Welche Mediengeräte gab es bei uns zu Hause?		
Welche Medien gehörten mir alleine?		
Wie lang durfte ich täglich fernsehen/Computerspielen?		
Wer war mein Lieblingsstar?		
Welche Merchandising-Produkte (Poster, Kalender, Trikots …) hatte ich von meinem Lieblingsstar?		
Welche Regeln zum Medienumgang gab es bei uns zu Hause?		
Über welche Medien habe ich meine Freunde erreicht, z. B. für Treffen?		

2. Modul „Erziehungskompetenz“

2.1 Was Sie in dieser Lerneinheit erwartet

Hier geht es nun ganz allgemein um pädagogisches Handeln, vor allem aber um medienerzieherisches Handeln. Dazu werden wir einige Erziehungskonzepte vorstellen – wenn Sie diese als Erziehungsprofis schon kennen, um so besser!

Unsere Einheiten gehören alle zusammen, deshalb werden Sie bei einigen Aspekten auch direkt auf die anderen Einheiten verwiesen. Wir stellen eingangs vor, worauf sich „Medienerziehung“ eigentlich genau bezieht. Wir greifen dazu noch einmal auf, was man eigentlich unter „Erziehung“ versteht, wie sie sich von „Bildung“ unterscheidet und was hier gefordert ist.

Der Begriff der „Medienkompetenz“ meint nicht nur einen technischen, sondern auch einen handelnden und reflektierenden Umgang mit Geräten, Formaten, Inhalten und Strukturen. In öffentlichen Bildungsvereinbarungen wird heute auf verschiedene Definitionen von Medienkompetenz zurückgegriffen. Wir stellen Ihnen den „Vater“ der Medienkompetenztheorie vor, dessen Kategorien – mit kleinen Erweiterungen – für die Bildungspraxis leicht zu merken sind. Denn in der Praxis ist Überdifferenzierung schwer anwendbar und damit zwar gut gemeint, aber wenig geeignet.

Wir kommen dann zu einer Beschreibung von Medienerziehung in den Familien und stellen ihnen aktuelle Erziehungstypen vor und überlegen, wie diese zustande kommen und wie man Familien, die solche Verhaltensweisen zeigen, konstruktiv unterstützen kann. Dabei ziehen wir vorsichtig auch eine kulturelle Differenzierung ein – diese hat nur exemplarischen Charakter, soll keine fertigen Informationen liefern, aber Sie sensibilisieren für kulturelle Unterschiede, die unter Umständen auch ein besonderes medienerzieherisches Verhalten empfehlen lassen.

Abschließend stellen wir Ihnen noch vor, nach welchen Kriterien Sie selbst Unterstützungsmaterialien – egal, ob als Print- oder Video- oder Lernplattformangebot – untersuchen können, um einzuschätzen, für welche Zwecke es genau geeignet ist und wie es pädagogisch ausgerichtet ist, damit Sie selbst zielgenau fördern können.

2.2 Einleitung

„Medienerziehung" ist ein Ausdruck mit vielfältigen Bedeutungen. Und es ist keineswegs klar, was unter diesem Ausdruck zu verstehen ist. Noch 2006 beklagt Dieter Spanhel, „dass es noch keine ausgearbeitete Theorie der Medienerziehung" (Spanhel 2006, S. 11) gäbe. Er nahm sich daher zunächst erst einmal vor, einen „theoretischen Bezugsrahmen für die alltägliche Praxis der Medienerziehung" (ebd., S. 14) zu formulieren. Dieser „*Bezugsrahmen* " muss, um auf den gesamten Umgang von Kindern und Jugendlichen und ihren Familien mit Medien anwendbar zu sein, auf einen breiten Medienbegriff abheben, der alle verschiedenen Medien umfasst. Dazu haben Sie im Basismodul schon einiges gelesen. Was also zeichnet Medienerziehung als Erziehung aus?[1]

2.2.1 Begriffsunterscheidungen – „Medien-Erziehung"

Um Medienerziehung als *Begriff* zu fassen, ist es zunächst nötig, sich die Bestandteile dieser Wortzusammensetzung näher anzusehen. Im Basismodul haben Sie schon viel zum Begriff der „Medien" erfahren und wir werden daher in diesem Modul vor allem den Kernbegriff „Erziehung" thematisieren.

Nicht erst seit dem inzwischen zum geflügelten Wort avancierten Titel der Studie von Baacke, Sander und Vollbrecht (1990) sind jugendliche Lebenswelten „Medienwelten". Die Selbstdefinition der modernen Gesellschaft als Medien- oder Massenmediengesellschaft bildet dabei eine bestimmte soziale Wahrnehmung ab, nämlich die Allgegenwart unserer Mediatisierung und dem dort verfügbaren technischen Medienensemble. Damit erhält die Erziehung zum gelingenden Umgang mit dieser Medienvielfalt eine besondere, für unser soziales Miteinander beispielhafte Bedeutung. Diese Sonderbedeutung der Medienerziehung findet sich bereits 1977 in einer UNESCO-Studie, die Medienerziehung weiter fasst als eine rein erziehungswissenschaftliche Teildisziplin „Medienpädagogik":

1 Details zu den folgenden Kapiteln finden Sie in dem Beitrag: Matthias Rath: Medienerziehung (2015). Enzyklopädie Erziehungswissenschaft Online. Fachgebiet Medienpädagogik. Hrsg. v. Dorothee Meister/Friederike Gross/Uwe Sander. www.erzwissonline.de.

> „Medienerziehung ist nicht nur eine Disziplin, sondern eine Weise, die Funktionen von Medien auch in anderen Wissenschaften zu verstehen. Sie ist nicht auf die Schule, die Universität oder andere Bildungsinstitutionen beschränkt, sondern hat immer schon mit allen Arten von Erziehung und Bildung zu tun – einschließlich der Ausbildung von Pädagoginnen und Pädagogen, um ihnen zu helfen, andere medial zu bilden.“ (UNESCO 1977, S. 3, eigene Übersetzung)

Medienerziehung hat also eine breite Bedeutung für unsere medial geprägte Gesellschaft und muss daher als grundsätzliche Bedingung eines gelingenden gesellschaftlichen Lebens verstanden werden. Verschiedene Studien zeigen, dass Familien (aber auch manche Lehrkräfte an Schulen) häufig mit dieser wichtigen Aufgabe überfordert sind. Gerade die neueren, digitalen Medien und die schnelle Medienentwicklung (siehe „Mediatisierung“ im Basismodul) stellen eine Verunsicherung und Herausforderung für Familien dar. Hier sind kompetente Beratungsangebote gefragt. Sie finden im Modul „Umgang mit digitalen Medien“ dazu auch noch konkrete Informationen und Hilfestellungen.

Im Folgenden wollen wir aber nicht die historische Entwicklung von *Erziehung* als pädagogischem Begriff thematisieren. Erziehung ist eine *Funktion*, d. h. ein selbstverständliches Geschehen, dass sich in Gesellschaften im Umgang mit der nachwachsenden Generation vollzieht. Erziehung ist also ein historisches Faktum, auch wenn sich die theoretischen Vorstellungen dazu im Laufe der Jahrtausende immer wieder geändert haben. Theo Hug (2013) hat zu Recht darauf hingewiesen, dass eine solche nur historisierende Betrachtungsweise letztlich nur ein Nebeneinander normativer Erziehungsvorstellungen beschreiben würde, ohne eine tragfähige und für unterschiedliche Fragestellungen offene Begriffsbestimmung zu ermöglichen. Es ist daher sinnvoller, in einem ersten Zugriff die normativen Vorstellungen von Erziehung hintanzustellen und zu versuchen, eine *funktionale* Bestimmung des Erziehungsbegriffs zu finden.

Diese Vorgehensweise ist keineswegs neu, ein solch funktionaler, rein deskriptiver Begriff wie der von Wolfgang Brezinka (1971) geht in diese Richtung. Brezinka versteht unter Erziehung

> „soziale Handlungen (...), durch die Menschen versuchen, das Gefüge der psychischen Dispositionen anderer Menschen mit psychischen und (oder) sozial-kulturellen Mitteln in irgendeiner Hinsicht dauerhaft zu verbessern oder seine als wertvoll beurteilten Komponenten zu erhalten“ (ebd., S. 613).

Unabhängig vom den noch ungeklärten normativen Aspekten in dieser Definition („Verbesserung" und „wertvolle Beurteilung") wird das Grundmoment von Erziehung deutlich, nämlich die verbesserungsfähigen Bedingungen des Menschseins zu beeinflussen.

Herrmann Veith (2003) betont, dass im Laufe der Geschichte als Reaktion auf veränderte gesellschaftliche Bedingungen immer wieder neue pädagogische Rahmenkonzepte realisiert wurden. Diese waren zum Teil sehr unterschiedlich, aber trotz dieser Unterschiedlichkeit hat sich ein Grundansatz durchgehalten: Erziehung setzt immer ein Verständnis von „Lernen" voraus. Mit anderen Worten, trotz des „historischen, gesellschaftlichen und biografischen Funktionswandel von Lernprozessen und Lerntätigkeiten" (Veith 2003, S. 202) ist „Lernen" der Kernbegriff von Erziehung.

2.2.2 (Medien-) Erziehung als Form des Lernens

In dieser Wahl des Lernbegriffs ist zugleich eine *aktive* Auffassung von Lernprozessen verbunden: „Lernen" meint nicht einfach die passive Aufnahme von Lerninhalten, die über einen Lehrprozess dem/der Lernenden präsentiert werden. Lernen ist immer ein *aktiver* Prozess der Lernenden. Der Lernprozess wird in bestimmten Formen des Lernens zwar durch andere, z. B. Lehrende, gestaltet, vollzieht sich jedoch nicht in völliger Abhängigkeit vom Lehrvorgang. Mit anderen Worten: Es reicht nicht zu lehren, es muss auch aktiv gelernt werden – und das Lernen muss gewollt sein! Bleiben wir noch bei der funktionalen Auffassung von Lernen, dann können wir weiter differenzieren:

„Lernen" bezeichnet einen Prozess der aktiven *Übernahme neuer Wissensbestände*, neuer Fertigkeiten und neuer Haltungen aus der jeweiligen gesellschaftlichen Umwelt in das eigene Denk-, Handlungs- und Wahrnehmungs- bzw. Urteilsvermögen.

Diese im Lernen erworbenen Wissensbestände, Fertigkeiten und Haltungen nennen wir im Folgenden „Lerninhalte". Davon zu unterscheiden sind die „Lernprozesse" selbst, also die Bedingungen und Abläufe, die diese Lerninhalte an die Lernenden vermitteln.

Es ist in diesem Zusammenhang nochmals wichtig darauf hinzuweisen, dass auch vermittelte Lerninhalte im Lernprozess die aktive Teilnahme der Lernenden benötigen. Wir bieten als Erziehende oder Lehrende immer Hilfestellung zur eigenen Aneignung. In der Didaktik wird diese Hilfestellung heute auch als *Scaffolding* bezeichnet (vgl. Scott 1998): Erziehende gestalten aktiv ein Gerüst, das der lernenden Person hilft, die Zone der nächsten Entwicklung zu erreichen und sich neue Inhalte und Kompetenzen anzueignen.

Dabei ist es wichtig, Lernende individuell in den Blick zu nehmen, ihre persönlichen Interessen und je eigenen Möglichkeiten zu berücksichtigen. Denn nur, wenn wir ihnen ein Anknüpfen an das ermöglichen, was sie schon wissen, können oder wollen, werden sie lernen können. Für gesteuerte Lernsituationen in Erziehungskontexten, bei denen Orientierungen durch Erwachsene angeboten werden, sollten diese verständlich sein – ob als „Vorbildhandlungen", als gesprochene Anweisungen oder Erklärungen oder auch als medial anderweitig vermittelte Texte. Glaubwürdigkeit ist nötig. Außerdem sollten die Kinder/Jugendlichen auch die Möglichkeit erhalten, ihr Verhalten zu zeigen, wahrgenommen zu werden, die Aufmerksamkeit der Erziehenden zu erhalten, ihren Lernfortschritt zu zeigen und diesen auch (durch Lob und Interesse) verstärkt zu bekommen.

Die Anerkennung ihrer Entwicklung stärkt auch das Selbstwertgefühl der Kinder. Natürlich gehören auch wiederholende Aufforderungen dazu: Lernanforderungen sollten ernst genommen werden. In unserer Spaßgesellschaft geschieht das nicht immer. Prokrastinierendes Verhalten (also der lustvollen Ablenkung den Vorrang zu geben und Anstrengung und Arbeit zu vermeiden) kann keine dauerhaft akzeptierte Reaktion auf Erziehungsangebote darstellen. Mit Druck funktioniert erfahrungsgemäß wenig, wenn wir aufgeklärte Erziehungsideale verfolgen. Vielmehr bleibt die Herausforderung, dass Erziehende die Lust am Lernen wachhalten. Lernen lernen stellt dazu heute eine Schlüsselkompetenz dar. Von Geburt an verfügen Kinder neuronal über die Fähigkeit, neue Informationen aufzunehmen und zu lernen. Diese Fähigkeit muss aber genutzt werden, damit sie bleibt. Je intensiver und bewusster Lernsituationen gerade in der frühen Phase genutzt werden, desto mehr Lernvoraussetzungen behält das Kind auch im weiteren Entwicklungsprozess. Wir kommen darauf noch einmal zurück.

2.2.3 Zum Begriff der (Medien-) Erziehung

Unter *Erziehung* als Form des *vermittelten* Lernens lässt sich demnach ein *Wirkungsbegriff* verstehen, der bestimmte Lernvorgänge zurückführt auf vorhergehende Handlungen, die von anderen Menschen ausgegangen sind. Für die Erziehung spezifisch (im Gegensatz z. B. zu lebenslangen Lernprozessen) ist der Bezug auf die nachwachsende Generation, „junge Menschen". Um diese sehr allgemeine Bestimmung nicht überzustrapazieren, sollten einige Kriterien berücksichtigt werden:

- Erziehung verläuft *polar*, zwischen mindestens einem erziehenden und einem zu erziehenden Menschen.
- Darüber hinaus ist Erziehung *intentional*, hebt also auf ein (als wünschenswert definiertes) Erziehungsziel ab. Daher ist nicht jede Form des individuellen Lernens auch als Erziehung zu bezeichnen.
- Weiter setzt Erziehung einen grundsätzlichen *Entwicklungsunterschied* voraus, d. h. Erziehende und *zu* Erziehende stehen in einem ungleichen Verhältnis schon Erzogenseins und des noch Erzogenwerdens.
- Und schließlich ist Erziehung *endlich*. Erziehung ist, unabhängig von den jeweiligen konkreten Erziehungszielen, darauf angelegt, sich überflüssig zu machen. Intentionale Erziehung endet, individuelles Lernen und Bildungsprozesse idealerweise nicht.

Für die Erziehenden bedeutet das, sich ihrer Rolle und Verantwortung bewusst zu sein. Als Eltern sind sie quasi „natürliche Autoritäten", sie beanspruchen den Entwicklungsunterschied ihrer Person zu ihrem Kind – und solange sie erziehen, ist dieses Bewusstsein und die damit verbundene Voraussetzung, wirklich auch einen Vorsprung an Wissen, Können und Wollen (= Kompetenz) zu haben, erzieherische Verpflichtung.

Eltern und Erziehungsverantwortliche brauchen Achtung vor ihrer eigenen Rolle und der damit einhergehenden Vorbild- und Orientierungsfunktion. Auch für sie gilt, die Erfordernisse ihres Kindes für das Zurechtkommen in der jeweiligen Gegenwart selbst immer neu zu erkunden und zu lernen. Sie haben eine Verantwortung, die Lernfähigkeiten der Kinder zu erhalten und zu fördern und auch, sich selbst stetig neu an die Welt anzupassen. Flexibilität, Adaptionsfähigkeit für unterschiedliche Situation zu erwerben gehört zu den zentralen Kompetenzen, die heute erworben werden müssen, um sich in unserer immer schneller verändernden Welt nachhaltig orientieren zu können.

Die Zielvorgaben wurden im Laufe der sozialen Entwicklung und Geschichte immer neu benannt. Für die gegenwärtige Diskussion scheint die Formulierung sinnvoll, Ziel der Erziehung sei *Mündigkeit*. Diese allerdings ist inhaltlich nicht statisch. Sie wird immer wieder neu erforderlich, weil sich die Anforderungen verändern. Dies gilt auch für das Ziel der *Medienerziehung*. Auch sie ist auf eigenständigen und kritischen Umgang mit sich immer wieder verändernden Medienumgebungen ausgerichtet. Diese Mündigkeit lässt sich spezifisch fassen als „Medienkompetenz“.

2.2.4 Zum Begriff der Medienkompetenz

„Medienkompetenz“ gilt als ein Grundbegriff der Medienpädagogik. Er passt auch gut zu unserem bisher eingeführten Begriff des Lernens, denn der Kompetenzbegriff, der seit über 20 Jahren die gesamte pädagogische Diskussion durchzieht, meint mehr als nur irgendeine Geschicklichkeit des „Machens“, sondern meint ein sehr umfassendes Verständnis von Lernen. Fassen wir die verschiedenen Kompetenzbegriffe einmal der Einfachheit halber zusammen, dann können wir sagen, Kompetenz meint immer ein umfassendes

- *Wissen*,
- *Können* und
- *Wollen*.

Wissen bezieht sich auf kognitive Inhalte und Zusammenhänge, die eine Person wiedergeben kann. *Können* sind Handlungspraktiken, Techniken, die das eigene Verhalten bestimmen und erweitern. Und *Wollen* müsste eigentlich in dieser Trias am Beginn stehen, denn ohne diese Voraussetzung wird Kompetenzerwerb schwer möglich.

Kinder sind eigentlich von Natur aus neugierig. Das Gehirn ist so aufgebaut, dass es lernen möchte, weil der kleine Mensch mit dem, was von Geburt aus da ist, noch nicht lebensfähig ist. Gerade die Nachahmung spielt beim Lernen eine wichtige Rolle: Kinder beobachten Verhalten beim Erwachsenen und versuchen es zu imitieren. Dazu müssen sie den Eindruck haben, dass sich dieses Verhalten „lohnt“. In der Interaktion und Kommunikation mit den Erziehenden können Verhaltensziele motiviert werden, die sich für Kinder auf den ersten Blick nicht lohnen – etwa, weil sie Triebverzicht bedeuten. Hier kann etwa Lob und positive Aufmerksamkeit mit Alternativangeboten von unerwünschtem Verhalten abhalten. Das Kind lernt abzuwägen: Mit dem Smartphone beschäftigen oder mit der Erziehungsperson aktiv ein Spiel spielen beim Spazierenfahren im Kinderwagen? (z. B. „Ich sehe was, was Du nicht siehst“ etc.). Und es merkt sehr schnell, wenn die Erziehungsperson keine Motivation hat für die Alternativbeschäftigung. Das heißt: Zur gelingenden Erziehung als Vorbedingung zur Bildung gehört auch eine gewisse Passion der Erziehenden, erziehen zu wollen. Und zwar genau dieses Kind bzw. diese Kinder. Aber zurück zur Medienkompetenz:

In der medienpädagogischen Diskussion gelangte dieser Begriff der Medienkompetenz zur Bekanntheit durch den Bielefelder Medienpädagogen Dieter Baacke. Er unterschied bei den Zielen von Medienerziehung zwischen „Medien-Kritik", „Medien-Kunde", „Medien-Nutzung" und „Medien-Gestaltung" (vgl. Baacke 1996, S. 120).

_ Medienkritik

Darunter versteht Baacke die Fähigkeit, gesellschaftliche Entwicklungen zu erfassen, auf sich selbst und seine Medienpraxis anzuwenden und schließlich dazu auch eine ethische Position einzunehmen. Ein Beispiel wäre die Einsicht, dass durch den Online-Handel große Mengen an privaten Daten von den Online-Unternehmen gesammelt werden, dann die Erkenntnis, dass auch das eigene Kaufverhalten von diesen Entwicklungen betroffen ist, z. B. durch Werbepräsentationen im Netz, die aus der Kenntnis meines Kaufverhaltens abgestimmt wird, sowie schließlich die Abwägung, ob diese Offenlegung privater Daten wie Kontoverbindungen, Adresse und Interessen noch die Forderung nach Schutz der *Privatsphäre realisiert oder nicht*. Kinder erfassen nicht die gesamte gesellschaftliche Komplexität, aber wie etwa Werbung funktioniert, verstehen sie auch schon in sehr jungem Alter.

_ Medienkunde

Medienkunde bezeichnet für Baacke einerseits die Kenntnis über Rahmenbedingungen der Medienangebote wie Rundfunksystem, journalistische Arbeitsformen, Software-Angebote für den eigenen Bedarf, andererseits aber auch die Fertigkeit, Medien breit eigenständig zu bedienen. Die technische Nutzung lernen Kindern oft durch Zuschauen (= Können). Das Wissen über Zusammenhänge, was oft Vorbedingung ist für die Fähigkeit zur Medienkritik, muss kindgerecht aufbereitet werden. Von selbst erschließen sich für Kinder ökonomische Interessen und manipulative Gefahren nicht.

_ Mediennutzung

Mediennutzung meint die Fertigkeit, Medienangebote zielgerecht zu nutzen, von der Rezeption (Lesen, Fernsehen) bis zur praktischen Anwendung wie z. B. die Bedienung einer Internet-Suchmaschine oder die Nutzung von Online-Dienste. Nutzung geht also über eine reine Bedienungskompetenz hinaus. Um etwa angemessen digital recherchieren zu können, muss man genau wissen, wo man im Netz nachschaut und was Kriterien für Seriosität sind. Für Kinder meint Mediennutzung auch, reflektieren zu lernen, was, wann und wie viel an Medien ihnen wirklich guttut.

_ Mediengestaltung

Der Aspekt der Mediengestaltung schließlich umfasst die Fähigkeit, neue Medienangebote und Nutzungsformen wie z. B. Kommunikationsplattformen zur Kenntnis zu nehmen und zu nutzen, und weit darüber hinaus die Fertigkeit, auch eigenständig und kreativ Medien zu gestalten, z. B. eigene Blogs einzurichten und als Kommunikationsangebot selbstständig auszubringen. Zu sprechen, zu malen, zu spielen sind die primären medialen Grundformen, auf denen weitere mechanisch/elektrisch-technische bis hin zu digital-technischen Medienhandlungen aufbauen. Alle gehören gleichermaßen zum derzeitigen Mediatisierungsstand unserer Gesellschaft.

Alle vier Bereiche werden und wurden aufgegriffen und z. T. auch weiterentwickelt. Wichtigste Weiterentwicklung auch unter familienbildnerischer Perspektive ist die Erweiterung der vier Aspekte um den Aspekt der *Anschlusskommunikation* und dem Aspekt des *Mediengenusses*.

_ Anschlusskommunikation

bezeichnet die Fähigkeit, Medienerlebnis zu thematisieren und damit für sich bearbeitbar zu machen. Im Gegensatz zu den vier „klassischen" Aspekte bei Baacke gehören zu diesem Aspekt eben immer zwei, also der/die Gesprächspartner/-in. Anschlusskommunikation muss man üben und kann man auch leicht üben – dabei lernen beide etwas, die Lernenden ebenso wie die Lehrenden.

_ Mediengenuss

Mediengenuss ist eigentlich selbstverständlich – warum sollte man Medien nutzen, wenn man daran keinen Genuss empfindet? Hier ist wichtiger, diesen Genuss zuzulassen (z. B. auch von der familiären Instanz Eltern), sich also für das, was einem Spaß macht, nicht schämen oder sich verbergen zu müssen. Mediengenuss akzentuiert, dass Medien fester Bestandteil unserer Identitätskonstruktion und allgemeinen Lebenswelt sind und sie das wichtigste Ziel von Erziehung in der jeweiligen Gegenwart unterstützen, nämlich das mitzugeben, was einem hilfreich ist, ein glückliches Leben zu führen. Genuss motiviert auch mit zur Neugier, stimuliert die Lernbereitschaft. Beim Lesen wird heute auch in der empirischen Forschung der Zusammenhang zwischen Lust und Kompetenz immer positiv beschrieben (vgl. IGLU und PISA-Studien). Bei anderen Medien scheint die gesellschaftliche Stimmung meist den Genuss kritisch zu betrachten (vgl. Kerlen 2005).

Dieser Medienkompetenz-Begriff hat verschiedene Erweiterungen erfahren, v. a. auch für die Bereiche schulischer Medienerziehung (vgl. Moser 2010; Tulodziecki 2010). Sie sind sehr differenziert und z. T. auch sehr konkret ausgeführt, aber eben dabei meist auch sehr an schulischen Unterrichtssituationen oder institutionellen Erziehungsbereichen (wie „offene Jugendarbeit") orientiert. Die jeweiligen Bildungspläne für die Frühe Bildung und die schulische Bildung greifen den Medienkompetenz-Begriff auf, er findet sich in Fachcurricula und in übergreifenden Orientierungsplänen – wie etwa dem Medienkompetenzrahmen NRW (https://medienkompetenzrahmen.nrw), der für alle Bundesländer vorbildhaft war zur Umsetzung der KMK-Richtlinie zur Orientierung in der digitalen Welt. In sechs Teilbereichen werden Kompetenzen erwartet, die immer noch das ursprüngliche Modell von Baacke erkennen lassen:

- Bedienen und Anwenden
- Informieren und Recherchieren
- Kommunizieren und Kooperieren
- Produzieren und Präsentieren
- Analysieren und Reflektieren
- Problemlösen und Modellieren

Für uns hier als Orientierung im Rahmen der Familienbildung soll vor allem der Hinweis auf Baacke genügen – es sollte deutlich geworden sein, dass Medienkompetenz nicht einfach das „Machen können" meint, sondern viel mit Reflexion und Selbstverantwortung zu tun hat. Dies den Eltern zu vermitteln, kann helfen, die Medien im familiären Bereich als stereotyp wahrgenommene Konfliktursache etwas zu relativieren, und andererseits die Bereitschaft der Eltern zu stärken, aktiv und am Kind orientiert erzieherisch das Umfeld für einen gelingenden Medienkompetenzerwerb mitzugestalten.

2.3 Familien und Medienerziehung – Haltung zu Medien, Medienkompetenz und Reflexionsvermögen als ausschlaggebende Faktoren

> „Familie ist der erste und zentrale ‚Raum' für die Medienerfahrungen von Kindern; dort werden sie in Lebensstile und Wertesysteme eingeführt, werden Bildungschancen und -barrieren grundgelegt, so auch Medienkompetenz.“ (Hoffmann 2013, S. 71).

Natürlich hängen „Erziehung“ und „Medienerziehung“ zusammen. Generell und im Speziellen unterscheiden sich die Erziehungsstile der Eltern. Abhängig sind sie von den für die jeweiligen Erziehenden relevanten Werten und Orientierungen, die zum Teil natürlich auch Ergebnis der eigenen Sozialisation sind. Sie werden in Deutschland über die sogenannten „Sinus-Milieus®“ erfasst und ständig von der Konsumerforschung überprüft und angepasst (SINUS 2017, S. 14). Lieberwein (2008) hat in einer qualitativen Studie elterliches Erziehungsverhalten über die Milieus qualitativ untersucht (vgl. Abbildung 2).

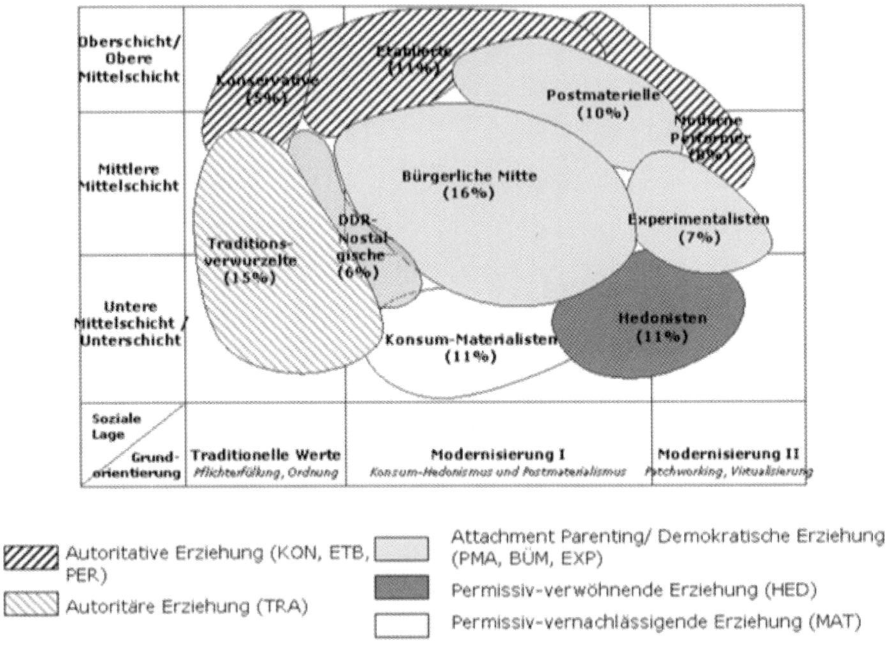

Abbildung 2: Erziehungsstile in den Sozialen Milieus (aus: Lieberwein 2008, S. 245)

Es ist noch nicht spezifisch auf die Medien bezogen, gibt aber schon eine grobe Orientierung. Eher schwierig in den Folgen sind die *autoritäre, permissiv-verwöhnende* und die *permissiv-vernachlässigende* Erziehung. Die demokratische Erziehung – hier auch als *Attachment Parenting* bezeichnet, wird bei Lieberwein am besten bewertet, weil hier der Spagat zwischen Fürsorge und Entwicklungsfreiheit für die Kinder am größten erscheint. Die *autoritativen Erziehenden* stellen sich als fordernder, weniger körperlich zugewandt dar, setzten aber auch klare Regeln und fördern sehr.

Was für Erziehung allgemein gilt, ist auch für den Bereich der Medienerziehung anzutreffen: die eigenen Werte entscheiden. Ausschlaggebend für die Frage, wie Eltern den Medienumgang ihrer Kinder regeln, ist zunächst ihre eigene Haltung zu Medien.

Ganz einfach ist diese nicht zu beschreiben, denn sie setzt sich immer aus mehreren Faktoren zusammen. Natürlich spielt dabei eine Rolle, wie man selbst Medien nutzt und sie in sein Leben integriert. Das beschreibt der sogenannte „*mediale Habitus*" (Biermann 2009). Der ist aber nicht allein entscheidend. Denn es gibt sehr wohl Eltern, die Medien selbst sehr intensiv nutzen, aber für ihre Kinder eher Medien, v. a. digitale Medien, vermeiden wollen. Dahinter steht oft der sogenannte „*third-person Effekt*": Sie sind grundsätzlich pädagogisch eher unsicher, halten Medien für gefährlich – nur nicht für sich selbst.

In Deutschland finden wir – v. a. in der „bürgerlichen Mittelschicht" – traditionell eine eher bewahrpädagogische Haltung. Dietrich Kerlen hatte sie 2005 als „medienmoralisierend" beschrieben und auch aus der Tradition des Protestantismus erklärt. Schon die Zeitungen im frühen 17. Jahrhundert wurden von Kritikern damals als „Verdummungsmedien" bezeichnet, die Sensationslust steigern würden und die Menschen vom Arbeiten abhielten. Eltern und Ehemännern wurde dann im 18. Jahrhundert empfohlen, die jungen Mädchen/Frauen von der Romanlektüre fernzuhalten, weil hier unsinnige Wunscherfüllungsphantasien geschürt würden. Thomas Mann sah die Kultur gefährdet durch den Tonfilm, Comics wurden ein halbes Jahrhundert später in ihrer Wirkung auf die Literatur mit der Atombombe verglichen und heute werden wir vermeintlich alle dement oder aggressiv durch Computer und vor allem Computerspiele. Soziale Medien stehen im Visier als Mobbing-Foren und KI befördert Fake-News und die gesellschaftliche Spaltung. Ein „Körnchen Wahrheit" ist an solchen stereotypen Zuschreibungen meist erkennbar – aber in der vorgetragenen Pauschalisierung zeigt sich v .a. eine Angst vor Veränderung des Status quo. (Immer übrigens scheinen neue Medien vor allem für die Augen gefährlich. Das gilt durch die gesamte Mediengeschichte – von Platon an).

Solche gesellschaftlichen Diskurse, die „öffentliche Meinung(en)", beeinflussen jeden in dem, was er/sie dann selbst über Medien denkt und v. a. äußert. Man hat Sorge, durch eine nicht-akzeptierte Meinung gesellschaftlich zum Außenseiter zu werden. Gerade bei Themen, in denen man unsicher ist. Deshalb hält man nach außen ein bestimmtes Bild aufrecht, das der als mehrheitlich akzeptiert wahrgenommenen Meinung entspricht. Da man Kritik immer anders hört als Unterstützung, dominierte lange ein bewahrpädagogischer Diskurs in Deutschland – auch in den Instanzen der Öffentlichen Bildung.

Inzwischen ist man hier offener und hat erkannt, dass man sich auch aus wirtschaftlichen Gründen solch eine abwehrende Haltung politisch nicht leisten kann. Vor allem in der Corona-Pandemie hat sich die zögerliche Digitalisierung in den Schulen gerächt. 2021 waren knapp 80 % der Eltern gemäß einer Studie von Bitkom der Meinung, das Tempo in diesem Bereich sei mindestens eher zu langsam (vgl. bitkom 2021). Der Ausbau der Digitalität ist technisch und bildungspolitisch heute ein Kernthema der Politik. Deutschland steht nämlich bei der Medienbildung im internationalen Vergleich ziemlich schlecht da (Bos u.a. 2014). Lehrkräfte nutzen Computer immer noch erschreckend wenig und eher rezeptiv (Lorenz u.a. 2017; Lorenz u.a. 2021; Eickelmann u.a. 2019). Sie bekommen zwar viele Materialien und Fortbildungsangebote, für sie gilt aber auch: erst die Haltung, dann die Erfahrung, dass es funktioniert (= „Selbstwirksamkeit", Bandura 1977) und dann los (Blackwell u. a. 2014)! Wer lange erfolgreich ohne Medien unterrichtet hat, tut sich schwer, zu verstehen, warum das geändert werden soll. In Deutschland ist dies gerade in der Grundschule im internationalen Vergleich dramatisch: Nur 29 % arbeiten hier mindestens einmal wöchentlich im Leseunterricht mit digitalen Medien – in Norwegen sind es 89 % (vgl. IGLU 2021, zit. nach Robert Bosch Stiftung: Deutsches Schulportal). Wir verweisen hier zurück auf das Basismodul und die Theorie der Mediatisierung (Krotz 2001, 2007): Unsere Gesellschaft ist im Privaten wie im institutionellen und gesamtgesellschaftlichen Kontext von Medien bestimmt. Dem können wir uns so wenig entziehen wie dem Straßenverkehr oder der Globalisierung.

Wenn wir in der Familienbildung – egal, ob auf der Interventionsebene bei der Betreuung der Familien oder der institutionellen Ebene der Organisation – für eine moderne, aufgeschlossene und zukunftsorientierte Medienbildung werben, müssen wir also neben dem „medialen Habitus" auch den „medienerzieherischen Habitus" (Friedrichs-Liesenkötter 2016; Delere 2020; Delere u. a. 2020) und zusätzlich eine dahinter liegende „Wertorientierung" (Shulman 1986; Baumert & Kunter 2006) berücksichtigen.

Wie wir erziehen wollen, hängt davon ab, was wir für wichtig, gefährlich und gestaltungswürdig halten. Und weiterhin von unserer Einschätzung, in welchem Stadium der kindlichen Entwicklung hierzu Bedarfe bestehen. Es bedarf also sowohl eines Blicks auf die Sache (= Medien) als auch auf die zu Erziehenden (= das Kind).

Deutlich wurde 2013 in der Untersuchung von Wagner, Gebel und Lampert, dass Eltern sich medienpädagogisch am sichersten im Grundschulalter der Kinder fühlten. Aber auch nur etwa 50 % aller Befragten meinen, hier sowohl bei TV, Computerspielen sowie Computer und Internet „sehr sicher" zu sein. Zum Wechsel in die weiterführende Schule nimmt diese Sicherheit dramatisch ab. Bei den 11- bis 12-Jährigen sind es nur noch knapp 25 % der Eltern. Beim Fernsehen – als dem „ältesten" und analogen Medium – sind die Eltern sicherer als bei den interaktiven digitalen Medien, verständlich, denn hier kann das Kind ja nicht nur rezipieren, sondern auch handeln. Und die Inhalte sind nicht mehr so kontrolliert und kontrollierbar wie bei TV-Sendungen. Hier gibt es auch familiär die meisten Konflikte – obwohl es die Eltern selbst sind, die Kinder mit den entsprechenden Geräten und Spielen ausstatten.

Konflikte tauchen besonders häufig auf zwischen Müttern und Söhnen und zwischen Müttern und Vätern, weil beide in Erziehungsfragen und Medienverhalten uneins sind. Regeln zum Medienverhalten gibt es durchaus, meist über die Medieninhalte, aber auch über die Zeit der Nutzung. Über Regeln gibt es dann wieder Konflikte – was nicht gegen die Regeln spricht; „entscheidend ist jedoch, in welcher Form und mit welchem Ergebnis die Konflikte ausgetragen und Regeln etabliert werden" (Wagner u. a. 2013, S.3).

Verschiedene Typen oder „Muster" medienerzieherischen Handelns wurden von den Wissenschaftlerinnen Wager u. a. (2013) im Rahmen einer qualitativen Elternstudie unterschieden (vgl. Abbildung 3).

Sie variieren danach, wie sehr bei der Erziehung aktiv gehandelt wird, bzw. danach, wie sehr die Perspektive des Kindes berücksichtigt wird. Bei „Laufen lassen" wird kaum gehandelt, die Interessen der Kinder sind wenig im Blick. Bei der funktionalistischen Kontrolle gibt es Regeln, die berücksichtigen aber wenig die Interessen des Kindes. Hierzu gehört etwa ein Fernseh-/Computerverbot nach 20.00 Uhr, weil die Eltern dann selbst ungestört sein wollen. Beim normengeleiteten Reglementieren stellen die Eltern sehr klare und oft strenge Linien auf, die sich aber nicht sehr an den Bedürfnissen der Kinder orientieren. Wenn man etwa einem 15-Jährigen nur

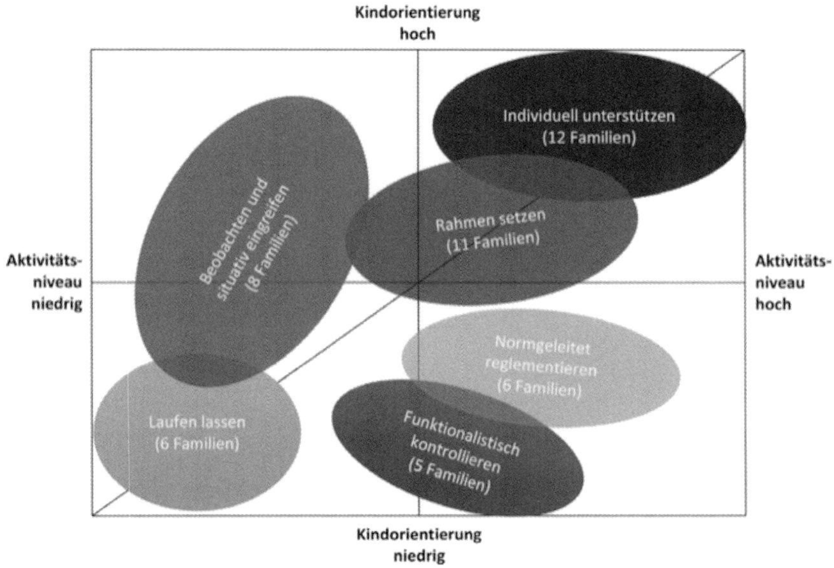

Abbildung 3: „Muster medienerzieherischen Handelns" (Wagner u. a. 2013, S. 145)

dreißig Minuten Internetzeit zubilligt, muss er entscheiden, ob er zum Lernen recherchiert oder mit Freunden Online-Spiele spielt. Die Recherche zum Lernen wäre sinnvoll – verhindert dann aber seine verständlichen sozialen Bedürfnisse. Dem Kind hier die Alternative zu bieten, es solle stattdessen nur mit alten Medien arbeiten, ist geradezu diskriminierend und würde ihm schulisch und sozial Nachteile bereiten.

Die Typen der dunkleren Felder zeigen ein kindorientierteres Verhalten, bei dem mehr verhandelt werden kann und Chancen und Gefahren sorgfältiger abgewogen und im Sinne des Kindes entschieden werden. Auch mit praktischer Unterstützung. Dennoch bedürfen nach Ansicht von Wagner, Gebel und Lampert (2013) insgesamt vier Verhaltenstypen, also alle außer „Rahmen setzen" und „individuell unterstützen", pädagogischer Beratung und Stärkung:

- weil sie wenig Wissen über Medien haben und höchstens Risiken, aber keine Chancen für das Kind sehen (Kompetenz und Haltung),
- weil sie sich nicht in die Bedürfnisse ihres Kindes hineinversetzen (Reflexionsvermögen),
- weil sie ihre eigene Erziehungsfunktion nicht wahrnehmen und sich mit dieser Rolle – auch Hinweisen dazu – nicht weiter auseinandersetzen wollen (Reflexionsvermögen),
- weil sie eine starre und rigide Erziehungsrolle einnehmen, die eher verbots- als angebotsorientiert entscheidet (Haltung und Reflexionsvermögen).

Medienpädagogen und -pädagoginnen empfehlen für die Familienbegleitung eine

- Orientierung an familiären Ressourcen (klären, wo Verantwortung auf mehrere Schultern verteilt werden kann),
- Einbeziehung aller mit Erziehung befassten Bezugspersonen unter Berücksichtigung der Rolle der Medien für die Familieninteraktion,
- Unterstützung der Strukturen zur Stärkung der allgemeinen Erziehungskompetenz der Eltern,
- Betrachtung der Frage der Medienerziehung im Gesamtkonzept der Familie,
- Orientierungsangebote für die Familien bieten (Infos, Kurse, etc.) (Wagner u. a. 2013, S. 11f.).

Leider wird oft beklagt, dass Familien von selbst hier eher zurückhaltend sind, Rat zu suchen – v. a. gerade die, die ihn gut gebrauchen könnten.

Auch werden häufig die Medien für eine Situation verantwortlich gemacht, die eine ganzheitliche Betrachtung braucht. Weder macht Fernsehen dick noch Computer gewalttätig. Aber Zusammenhänge sind nicht unwahrscheinlich. Die Ursache liegt jedoch in einer Gesamtlage, die durch soziale, kognitive und reflexive Rahmenbedingungen definiert wird. Im Medienverhalten äußert sich diese problematische, oft prekäre Gesamtsituation. Die Medien selbst sind jedoch nicht der Auslöser, sondern das Medienverhalten ist eine Begleiterscheinung.

Für eine Orientierung an der je aktuellen Forschung auch zum elterlichen Medienbewusstsein und Erziehungsverhalten empfiehlt sich jeweils ein Blick in die Studien des Medienpädagogischen Forschungsverbunds Südwest (MPFS; www.mpfs.de/). In der miniKIM Studie werden die Vorschulkinder und ihre Familien untersucht (zuletzt 2020), die KIM-Studie betrachtet die 6- bis 13-Jährigen und die Jugendlichen zwischen 12 und 19 Jahren stehen in der JIM-Studie im Mittelpunkt. Eine aktuelle qualitative Studie zum Medienhandeln in pädagogisch begleiteten Familien macht deutlich, wo die konkreten Bedarfe unterschiedlicher Familien in der Medienerziehung liegen und wo Unterstützung notwendig ist (Oberlinner u. a. 2023).

2.4 Exkurs: Medienerziehung interkulturell

In einer Studie im mehrkulturellen Dortmunder Norden haben wir 2014 die Einstellungen der Eltern von ein- und mehrsprachigen Kita-Kindern zur Medienerziehung und Mediennutzung verglichen und Unterschiede festgestellt. Kurz: wir haben Familien mit und ohne Zuwanderungsgeschichte befragt. Insgesamt ist zunächst immer ein sozialer Einfluss erwartbar: Je höher die Bildung, desto eher wird individuell unterstützt (Marci-Boehncke & Rath 2013).

Dennoch spiegelt sich in den Ergebnissen auch eine andere Haltung gegenüber v. a. digitalen Medien: sie scheinen in auch-türkischsprachigen Familien nicht so moralisierend betrachtet zu werden wie in nur-deutschsprachigen Familien. Hier findet man eher die beiden Muster „Laufen lassen" und „Rahmen setzen" – weniger die normengeleitet reglementierenden und funktionalistisch oder situativ kontrollierenden Typen. Die technische Kompetenz in der Nutzung scheint hier eher höher zu sein – allerdings teilweise sehr geschlechtsspezifisch. Mütter haben nicht immer den gleichen Zugang zu digitalen Medien. Jungen spielen weniger kontrolliert, aber auch Mädchen können das Internet freier für eigene Interessen nutzen. Ihre Präferenzen sind andere – sie verfolgen eher ihre Lieblingssendungen mit ihren konvergenten Angeboten. Das ermöglicht ihnen aber früh eine Nutzungskompetenz, die in der weiteren Ausbildung in der Schule sehr positiv weiterentwickelt werden kann. Hier sind nur-deutschsprachige Mädchen oft viel zurückhaltender.

Für viele Familien aus Zuwanderungskontexten, gerade auch jüngst für die geflüchteten Familien aus Krisengebieten, sind (meist transportable) digitale Medien ganz zentral für die Identitätsbildung. Das Smartphone hilft bei der sprachlichen und kulturellen Orientierung in den neuen Ländern, es ist aber gleichsam auch Speicher der eigenen Herkunftskultur (Fotos, Musik) und Kommunikationsmittel in die Heimat sowie der meist einzige nennenswerte Besitz, also „Statussymbol".

Damit ist es kein Wunder, dass wir hier eine absolut positive Bewertung digitaler Medien haben – mit allen Problemaspekten (etwa der Nutzung auch menschenrechtsverletzender Dokumentationen, Fotos und Videos über Gewalt in den

Herkunftsländern, die die Traumatisierungen verstärken können). Nicht ganz aktuell, aber kulturvergleichend, hat Habib Günesli (2020) die Kita-Studie von 2014 ausgewertet und sich auch die Gesamtsituation und Kommunikation der Kinder im Kontext ihrer Familien und der Institution Kita angeschaut. Hier wird deutlich, dass Eltern und Erziehungspersonal in den Institutionen zum Teil divergierende Einschätzungen kindlicher Kompetenzen und Erziehungsziele besitzen. Für die individuelle und institutionelle Bildungsarbeit sind die eigenen Voreinstellungen und Erwartungen an die Kinder wichtig zu reflektieren, um Wahrnehmungsfehler wie solche Halo-Effekte (vgl. Kulbe 2009, S. 80) zu vermeiden. Positiv-stabilisierende und negativ-zerstörende Einflüsse sind individuell und kultursensibel abzuwägen, bei Kindern wie bei Jugendlichen.

2.5 Erste Hilfe für die (digitale) Medienerziehung

Haben wir eben auf die grundsätzlichen Unterschiede zwischen Erziehung und Bildung geschaut, betrachten wir nun abschließend, dass und wie sich diese Unterschiede auch in den Angeboten und Materialien, die es zur Unterstützung gibt, widerspiegeln. Diesen liegen, wie Elisabeth Jäcklein-Kreis (2016) in einer umfangreichen qualitativen Untersuchung feststellen konnte, unterschiedliche Medientheorien und Menschenmodelle zugrunde – zumindest kann man sie auf der Basis solcher Theorien differenzieren. Wie beabsichtigt und überlegt auch immer diese Materialien im Einzelfall zustande gekommen sind, Haltungen und Wertorientierungen wirken auch, wenn sie nicht eigens reflektiert werden.

Jäcklein-Kreis hat auf der Basis einer inhaltsanalytischen Studie alle 2015 zugänglichen 66 deutschsprachigen Angebote untersucht, „die auf den klassischen Wegen (Google-Suche, Bibliothekskataloge, Verlagskataloge etc.) auffindbar" (Jäcklein-Kreis 2016, S. 472) waren. Diese Materialien wurden kurz vorgestellt und 25 davon exemplarisch anhand eines Kriterienkataloges daraufhin analysiert, „welche Menschenbilder und welche Medientheorien sie (...) jeweils transportieren" (ebd., S. 473). Die Kategorien seien hier deshalb vorgestellt, weil sie – auch angesichts der rasanten Weiterentwicklung solcher Materialien – eine gute Orientierung für eigene Bewertungen neuer Unterstützungsangebote liefern.

Jäcklein-Kreis unterscheidet zunächst über ein Wertequadrat, wie aktiv oder passiv die Erziehungsumgebung/-person (= Umwelt) bzw. das in den Materialien betroffene Kind (= Subjekt) gedacht ist. Dementsprechend kennzeichnet sie den jeweiligen Ansatz (vgl. Abbildung 4):

- *Endogenistische Theorien* gehen dabei davon aus, dass möglichst wenig eingegriffen wird, das Kind sich im eigenen Rhythmus Themen und Probleme erschließt. Das Kind steht im Zentrum, der Lernweg verläuft vom Sinnlichen zum Abstrakten, es werden viele Lernwege angeboten und das Kind vor negativen Erfahrungen zu bewahren versucht. Diese Theorie wird hier verkürzend mit „*Wird schon*" zusammengefasst.
- *Exogenistischen Theorien* sind eher an behavioristischen Lerntheorien orientiert. Der Lehrende/Instruierende hat hier eine dominante Rolle, ständiges Üben und Belohnen, Wiederholen bestimmt die Lehr-/Lernmaterialien. Das Kind nimmt auf und gibt wieder. Es funktioniert wie der „*Nürnberger Trichter*".

- *Konstruktivistische Theorien* liegen kognitiveren, auf Verständnis und Einsicht angelegten Materialien zugrunde. Der Instruierende ist eher Tutor, vermittelt Methoden zur Wissenserschließung, das Kind erarbeitet sich das Thema eigenständig und reflexiv. Wir fassen das hier mit „*Einsamer Wolf*“ zusammen.
- Schließlich bleiben die *interaktionistischen Theorien*, bei denen Subjekt und Umwelt aktiv sind, das Kind mit anderen (= Umwelt) im gemeinsamen Handeln ausprobiert und reflektiert. Kooperation und Reflexion sind hier zentral, der/die Instruierende agiert hier eher als Coach/Begleiter. Das „*Miteinander*“ bringt den Lernerfolg.

		UMWELT	*UMWELT*
		aktiv	*passiv*
SUBJEKT	*aktiv*	**Interaktionistische (systemische) Theorien** • handlungstheoretisches Paradigma • systemische Modelle Miteinander	**Konstruktivistische Theorien** • autonome Selbstentwicklung • Stadien-, Stufenmodelle „Einsamer Wolf“
SUBJEKT	*passiv*	**Exogenistische Theorien** • exogene Prägungsprozesse • Sozialisationstheorien • Behaviorismus „Nürnberger Trichter“	**Endogenistische Theorien** • endogene Entwicklungsdynamik • Reifungstheorien „Wird schon ...“

Abbildung 26 Menschenmodelle im Überblick; eigene Darstellung

Abbildung 4: „Menschenbilder“ (Jäcklein-Kreis 2016, eigene Darstellung)

In ihrer Matrix wird die zweite Achse zur Materialanalyse dann von den zugrunde liegenden Medientheorien bestimmt: Hier unterscheidet sie zunächst grob danach, an welcher Stelle des Umgangs mit Medien die Materialien einsetzen:

- *Präkommunikativ* wären solche Materialien, die vor einem Medienkontakt ansetzen, also bewahrend bzw. aufklärend wirken sollen.
- *Kommunikative* Materialien setzen Erfahrungen voraus, motivieren eher zum Handeln und/oder zur unmittelbar damit verbundenen Reflexion.
- *Postkommunikativ* wären solche Materialien, die reparierend nach „missglückter“ Handlung ansetzen.

Bei der differenzierten Analyse ihrer Materialien stellt sie fest, dass die Angebote, die sich an Eltern richten, eher „endogenistisch und bewahrpädagogisch“ orientiert sind. Kinder werden etwas breiter angesprochen, exogenistische, endogenistische und konstruktivistische Menschenmodelle sprechen hier ganz verschiedene kindliche Lerntypen an. Der Schwerpunkt liegt auch hier bei endogenistischen Menschenmodellen, die grundlegende Medientheorie ist aber aufklärend.

Damit wird der Tatsache Rechnung getragen, dass Kinder eben im Netz unterwegs sind und man sie genau dabei begleiten möchte mit Unterstützungsangeboten. Endogenistisch-reflexiv sind die Mehrheit der Materialien, die sich an pädagogische Fachkräfte richten (Jäcklein-Kreis 2016, S. 474).

2.6 Was heisst das praktisch?

Als kleine praktische Vertiefung schlagen wir deshalb dies vor: Suchen Sie im Internet nach Material für die pädagogische Arbeit zur Internetsicherheit.

Analysieren Sie es nach folgenden Kategorien – überlegen Sie:

- Wer ist angesprochen (Kind, Eltern oder anderes Erziehungspersonal)
- Wie soll „gelernt" werden? Sind Übungen vorgesehen? Werden „Punkte" vergeben für richtige Lösungen? Ist ein oder sind mehrere Lernende angesprochen?
- An welcher Stelle der Interneterfahrung wird angesetzt? (vorbereitend, mit vorhandenen Erfahrungen, reparierend)
- Was ist die zugrunde liegende Botschaft? (Vermeidung, Aufmerksamkeit, Besser machen).
- Und zuletzt: Wie passt das Material für die eigene Arbeit? Wo könnten Sie es sinnvoll einsetzen oder empfehlen – wo nicht? Warum?

Schaffen Sie die Gelegenheit, um sich auch mit anderen Eltern oder Kolleg*innen über Ihre Eindrücke auszutauschen – im letzten Fall es kann sogar ein gemeinsames Projekt unter Profis sein, dies miteinander zu versuchen.

2.7 Literatur

Baacke, Dieter. 1996. Medienkompetenz – Begrifflichkeit und sozialer Wandel. In: Rein, Antje (Hrsg.), *Medienkompetenz als Schlüsselbegriff*. Bad Heilbrunn: Klinkhardt, S. 4-10.

Baacke, Dieter, Sander, Uwe & Vollbrecht, Ralf. 1990. *Lebenswelten sind Medienwelten. (Lebenswelten Jugendlicher Band 1).* Opladen: Leske + Budrich.

Bandura, Albert. 1977. Self-Efficacy: Toward a Unifying Theory of Behavioral Change. *Educational Psychological Review* 84 (2), S. 191-215.

Baumert, Jürgen & Kuntert, Mareike. 2006. Stichwort: Professionelle Kompetenz von Lehrkräften. *Zeitschrift für Erziehungswissenschaft* 9, S. 469–520.

Biermann, Ralf. 2009. *Der mediale Habitus von Lehramtsstudierenden. Eine quantitative Studie zum Medienhandeln angehender Lehrpersonen.* Wiesbaden: VS Verlag.

Bitkom. 2021. *Eltern fordern schnellere Digitalisierung der Schulen*. www.bitkom.org/Presse/Presseinformation/Eltern-fordern-schnellere-Digitalisierung-der-Schulen.

Blackwell, Courtney K., Lauricella, Alexis R. & Wartella, Ellen. 2014. Factors influencing digital technology use in early childhood education. *Computers & Education* 77, S. 82-90.

Bolas, Terry. 2009. *Screen Education. From F ilm Appreciation to Media Studies.* Bristol: Intellect Books.

Bos, Wilfried, Eickelmann, Birgit, Gerick, Julia, Goldhammer, Frank, Schaumburg, Heike, Schwippert, Knut, Senkbeil, Martin, Schulz-Zander, Renate & Wendt, Heike. 2014. *ICILS 2013 – Computer- und informationsbezogene Kompetenzen von Schülerinnen und Schülern in der 8. Jahrgangsstufe im internationalen Vergleich.* Münster: Waxmann.

Brezinka, Wolfgang. 1971. Über Erziehungsbegriffe. Eine kritische Analyse und ein Explikationsvorschlag. *Zeitschrift für Pädagogik* 17, S. 567-615.

Delere, Malte (2020). Konzepte medienpädagogischer Kompetenz von Lehramtsstudierenden in deutschsprachigen und internationalen Studien – ein systematisches Literaturreview. *Medienimpulse*, 58 (2), 57 Seiten. https://doi.org/10.21243/mi-02-20-16.

Delere, Malte, Marci-Boehncke, Gudrun, Schmidt, Jule Sophie & Werner, Lena. 2020. Was sie wissen, was sie brauchen: Zum medientechnischen und mediendidaktischen Reflexionsbewusstsein von Grundschullehrkräften. *k:ON – Kölner*

*Online Journal für Lehrer*innenbildung* 1, S. 23-42. https://doi.org/10.18716/ojs/kON/2020.1.2.

Eickelmann, Birgit, Bos, Wilfried, Gerick, Julia, Goldhammer, Frank, Schaumburg, Heike, Schwippert, Knut, Senkbeil, Martin & Vahrenhold, Jan (Hrsg.). 2019. *ICILS 2018 # Deutschland. Computer- und informationsbezogene Kompetenzen von Schülerinnen und Schülern im zweiten internationalen Vergleich und Kompetenzen im Bereich Computational Thinking.* Münster, New York: Waxmann.

Friedrichs-Liesenkötter, Henrike. 2016. *Medienerziehung in Kindertagesstätten. Habitusinformationen angehender Erzieherinnen.* Wiesbaden: Springer VS.

Günesli, Habib. 2020. Inklusion und Intersektionalität im Kontext frühkindlicher Medienbildungsforschung. Sprachkulturelle Homogenität und Diversität sowie ihre Auswirkungen auf pädagogische Kommunikation in der Frühen Bildung *Qfl – Qualifizierung für Inklusion* 2 (3). https://doi.org/10.25656/01:21249.

Hodgkinson, A. W. 1964. *Screen Education. Teaching a critical approach to cinema and television* (Reports and Papers on Mass Communication, Nr. 42). Paris: UNESCO. http://unesdoc.unesco.org/images/0005/000595/059573eo.pdf.

Hoffmann, Bernward. 2013. Medienkompetenz von Eltern im System Familie. In Bundesministerium für Familie, Senioren, Frauen, und Jugend (Hrsg.), *Medienkompetenzförderung für Kinder und Jugendliche. Eine Bestandsaufnahme.* S. 71-83. www.gmk-net.de/wp-content/uploads/2018/07/medienkompetenzbericht_2013.pdf.

Hug, Theo. 2013. Key Concepts in Education: Critical Issues beyond Definition and Discursive Practices. *Seminar.net – International journal of media, technology and lifelong learning* 9 2). http://seminar.net/images/stories/vol9-issue2/Theo_Hug_-_Key_Concepts_in_Education.pdf.

Jäcklein-Kreis, Elisabeth. 2016. *Erste Hilfe ins Internet. (Kriterien zur) Beurteilung von Unterstützungsangeboten für Kinder.* München: kopaed.

Kerlen, Dietrich. 2005. *Jugend und Medien in Deutschland.* Weinheim: Beltz.

Krotz, Friedrich. 2001. *Die Mediatisierung kommunikativen Handelns: der Wandel von Alltag und sozialen Beziehungen, Kultur und Gesellschaft durch die Medien.* Wiesbaden: Westdeutscher Verlag.

Krotz, Friedrich. 2007. *Mediatisierung. Fallstudien zum Wandel von Kommunikation.* Wiesbaden: VS Verlag.

Kulbe, Annette. 2009. *Grundwissen Psychologie, Soziologie und Pädagogik: Lehrbuch für Pflegeberufe.* Kohlhammer: Stuttgart

Lieberwein, Sylvia. 2008. *Erziehung und soziale Milieus. Elterliche Erziehung in milieuspezifischer Differenzierung*. Wiesbaden: VS Verlag.

Lorenz, Ramona, Bos, Wilfried, Endberg, Manuela, Eickelmann, Birgit, Grafe, Silke & Vahrenhold, Jan (Hrsg.). 2017. *Schule digital – der Länderindikator 2017. Schulische Medienbildung in der Sekundarstufe I mit besonderem Fokus auf MINT-Fächer im Bundesländervergleich und Trends von 2015 bis 2017*. Münster: Waxmann.

Lorenz, Ramona, Yotyodying, Sittioan, Eickelmann, Birgit & Endberg, Manuela (Hrsg.). 2021. *Schule digital – der Länderindikator 2021. Erste Ergebnisse und Analysen im Bundesländervergleich*. www.telekom-stiftung.de/sites/default/files/files/Laenderindikator-2021-Bericht.pdf.

Lorenz, Ramona, Yotyodying, Sittipan, Eickelmann, Birgit & Endberg, Manuela (Hrsg.). 2022. *Schule digital – der Länderindikator 2021. Lehren und Lernen mit digitalen Medien in der Sekundarstufe I in Deutschland im Bundesländervergleich und im Trend seit 2017*. Münster, New York: Waxmann. https://doi.org/10.25656/01:24606.

Marci-Boehncke, Gudrun & Rath, Matthias. 2013. *Kinder – Medien – Bildung. Eine Studie zu Medienkonvergenz und vernetzter Educational Governance in der Frühen Bildung*. München: kopaed.

Medienkompetenzrahmen NRW. https://medienkompetenzrahmen.nrw.

Moser, Heinz. 2010. Medienkompetenz und die ‚neue' erziehungswissenschaftliche Kompetenzdiskussion. In Herzig, Bardo, Meister, Dorothee M. & Niesyto, Horst (Hrsg.), *Medienkompetenz und Web 2.0 (Jahrbuch Medienpädagogik, Bd. 8)*. Wiesbaden: VS Verlag, S. 4-10.

Oberlinner, Andreas, Bamberger, Anja, Winter, Christin & Eggert, Susanne. 2023. *Medienhandeln in pädagogisch begleiteten Familien. Recourcen Bedarfe Unterstützung*. München: kopaed.

Rath, Matthias. 2015. Medienerziehung. *Enzyklopädie Erziehungswissenschaft Online. Fachgebiet Medienpädagogik*. Beltz. www.erzwissonline.de.

Robert Bosch Stiftung (Hrsg.). 2023. *Deutsches Schulportal. Bildungswesen. Internationale IGLU-Studie – die wichtigsten Ergebnisse*. 16.05.2023. https://deutsches-schulportal.de/bildungswesen/iglu-studie-lesekompetenz-der-viertklaessler-verschlechtert-sich-deutlich/.

Schorb, Bernd. 2009. Medienaneignung. In Schorb, Bernd, Anfang, Günther & Demmler, Kathrin (Hrsg.), *Grundbegriffe Medienpädagogik – Praxis*. München: kopaed, S. 182-186.

Scott, Philip. 1998. Teacher Talk and Meaning Making in Science Classrooms: a Vygotskian Analysis and Review. *Studies in Science Education* 32 (1), S. 45-80. https://doi.org/10.1080/03057269808560127.

Shulman, Lee S. 1986. Those who understand; Knowledge growth in teaching. *Educational Researcher* 15 (2), S. 4-14.

SINUS Markt und Sozialforschung GmbH. 2017. *Informationen zu den SINUS-Milieus® 2017*. Heidelberg, Berlin.

Spanhel, Dieter. 2006. *Medienerziehung. Erziehungs- und Bildungsaufgaben in der Mediengesellschaft* (Handbuch Medienpädagogik, Bd. 3). Stuttgart: Klett-Cotta.

Tulodziecki, Gerhard. 2010. Medienkompetenz und/oder Medienbildung? Ein Diskussionsbeitrag. *Merz Medien + Erziehung* 54 (3), S. 49-53.

UNESCO. 1977. *Media studies in education*. Paris: UNESCO. http://unesdoc.unesco.org/images/0002/000238/023803eo.pdf.

Veith, Hermann. 2003. Lernkultur, Kompetenz, Kompetenzentwicklung und Selbstorganisation. Begriffshistorische Untersuchungen zur gesellschaftlichen und pädagogischen Konstruktion von Erziehungswirklichkeiten in Theorie und Praxis. In *Was kann ich wissen? Theorie und Geschichte von Lernkultur und Kompetenzentwicklung* (QUEM-Report, Heft 82). Berlin: Arbeitsgemeinschaft Betriebliche Weiterbildungsforschung e. V., S. 179-229. www.abwf.de/content/main/publik/report/2003/Report-82.pdf.

Wagner, Ulrike, Gebel, Christa & Lampert, Claudia (Hrsg.). 2013. *Zwischen Anspruch und Alltagsbewältigung: Medienerziehung in der Familie* (Schriftenreihe Medienforschung der Landesanstalt für Medien Nordrhein-Westfalen, Band 72). Berlin: Vistas Verlag. www.medienanstalt-nrw.de/fileadmin/lfm-nrw/Forschung/LfM-Band-72.pdf.

3. Modul „Frühe Bindung“

3.1 Was Sie in dieser Lerneinheit erwartet

Wir fangen ganz vorn an: Mit den ersten Momenten der Beziehungsaufnahme eines neuen Wesens mit seiner Umwelt. Das geschieht – spätestens – mit der Geburt. Aber auch das Vorher gehört schon dazu. Gerade, wenn es um Medienerfahrungen geht. Enge Bezugspersonen sind wichtig für Kinder. Aber diese haben auch ein Leben und Interessen außerhalb ihrer Rolle als direkte Bezugsperson. Hier spielen mediale Bedürfnisse eine zentrale Rolle. Doch sie ziehen Aufmerksamkeit ab. In der Begleitung und Erziehung eines Kindes ist es wichtig, hier das richtige Maß zu finden und seine eigenen Bedürfnisse und Gefühle ebenso reflektieren zu lernen wie seine Beziehungsaufgaben. Die Art und Weise, wie Kinder Bindungserfahrungen machen, definiert ganz offensichtlich ihr eigenes späteres Sozialverhalten zu wesentlichen Teilen mit. Die ist aber ein Prozess, der von verschiedenen Faktoren abhängt: anthropologischen, individuellen, sozialen und kulturellen.

Die Frühe Bindung wird heute nicht mehr ausschließlich als biologisch vermittelt („Bonding“) verstanden, sondern als ein komplexeres, auch sozial zu beeinflussendes Geflecht, zu dem auch andere Menschen als nur die biologische Mutter gehören. Kognitive und emotionale Kompetenzen zu entwickeln, braucht Voraussetzungen. Was in jedem Fall zur Frühen Bindung gehört, ist die soziale Kommunikation. Gerade in Zeiten, in denen personale und mediale Kommunikation so intensiv geworden sind, ist ein Blick auf soziale Praxis und ihre Herausforderungen sinnvoll, damit Erziehung und Familienbegleitung gelingt und angenommen wird. Die emotionale und kognitive Gesundheit und Bildung der nachwachsenden Generation ist wichtige Voraussetzung für funktionierende Gesellschaften. International wird dies unter dem Begriff „Early Childhood Education and Care“ (ECEC) diskutiert und gefördert (vgl. Dahlberg 2011, S. 228). Es ist ein Thema im öffentlichen Interesse und es verdient politische Aufmerksamkeit.

In dieser Einheit lernen Sie aktuelle Theorien der „Frühen Bindung“ kennen. Wir fragen, wie Kinder soziale Wesen werden und welche Rolle ihre Umwelt dabei spielt. Wir betrachten dann vor allem die Faktoren, die man erzieherisch beeinflussen kann – und welche Rolle die Medien dabei spielen.

3.2 Frühe Bindung – theoretische Hintergründe

Verschiedene Theorieansätze versuchen zu erklären, wie Bindungen entstehen. Dabei bezeichnet Bindung „eine enge, emotionale, länger andauernde Beziehung zu bestimmten Menschen, die nach Möglichkeit sowohl Schutz bieten als auch unterstützend wirken, z. B. wenn ein Kind verunsichert oder traurig ist und sie dem Kind helfen, seine Emotionen zu regulieren" (Lengning & Lüpschen 2012, S. 11).

Bindungen sind in unserer Gesellschaft deshalb wichtig, weil sie den Kampf aller gegen alle verhindern, also Sozialität ermöglichen. Notwendige Voraussetzung ist eine reflexive Kompetenz: Man muss nachdenken können über das, was man tut oder denkt.

Diese reflexive Kompetenz scheint an kognitive wie emotionale Voraussetzungen gebunden und ist grundlegende menschliche Eigenschaft, die allerdings entwickelt werden muss. Die Voraussetzungen finden sich in den emotionalen und intellektuellen Möglichkeiten des Menschen. Diese wissenschaftlich zu erforschen, machen sich heute verschiedene Bereiche zur Aufgabe:

- Die Verhaltensforschung („Bindungstheorie") (Bowlby, Main)
- Die Psychoanalyse (Fonagy, Klein, Winnicott, Bion, Marty)
- Die Philosophie und Kognitionswissenschaft (Theory of mind) (Hegel, Dennet, Morton & Frith, Main)
- Die (Evolutions-)Biologie, Psycho-/Neurowissenschaft als Teil der Naturwissenschaft (Klaus & Kennell)

3.2.1 Die Bindungstheorie

Die Perspektive dieser Theorie geht vom Kind aus und betrachtet seine Erfahrungen in Beziehungen. Experimentell beobachtete man das Verhalten von Kindern in Trennungssituationen. Vier Typen des möglichen Verhaltens wurden differenziert (Bowlby 1973; Ainsworth 1991; Main 1981): Nähe suchen, Vermeiden, Ambivalenz und Desorganisation. Je nachdem, wie sicher sich das Kind in seiner Bindung zur wichtigsten Bezugsperson fühlt, erkundet es mehr oder weniger neugierig seine

Umwelt oder spielt. Wenn die Bezugsperson sich trennt, zeigen Kinder laut dieser Theorie unterschiedliches Verhalten:

- Bei der unsicher-vermeidenden Bindung (Typ A) regieren die Kinder kaum, weder auf die Entfernung der Bezugsperson, noch auf das Wiederkommen. Sie unterdrücken ihre Gefühle von Angst und Unsicherheit und orientieren sich an der Umwelt.
- Bei der sicheren Bindung (Typ B) zeigen die Kinder bei der Trennung zunächst Stressreaktionen. Sie versuchen, die Bindung wieder herzustellen, klammern sich an, weinen, protestieren, wenn die Bezugsperson den Raum verlässt. Sie können aber schnell beruhigt werden und spielen dann entspannt. Kommt die Bezugsperson wieder, freuen sich die Kinder.
- Bei unsicher-ambivalenten Bindungen (Typ C) schwankt das Verhalten stark zwischen Passivität und Hilflosigkeit auf der einen Seite und Aggression auf der anderen Seite. Die Kinder reagieren auch auf die Rückkehr der Bezugsperson mal Nähe suchend, mal aktiv-ärgerlich oder passiv (Gloger-Tippelt 2004, S. 88).
- Typ D schließlich kennzeichnet Angst vor der Bezugsperson und Konfliktverhalten. Sie wird als desorganisiert/desorientiert beschrieben und lässt in ihrem Verhalten keine Strategie erkennen.

Wichtig ist hier jedoch die Erkenntnis, dass diese Verallgemeinerungen eine kulturelle Abhängigkeit besitzen, d. h., sie sind abgeleitet worden aus dem Verhalten von Kindern und ihren Bezugspersonen in westeuropäischen Gesellschaften. In Studien konnte gezeigt werden, dass diese Situationen etwa in Japan oder den USA zu ganz anderen Ergebnissen führen (Lengning & Lüpschen 2012, S. 13). In der Familienbildungspraxis kann es daher wichtig sein, solche kulturellen Unterschiede zu berücksichtigen (vgl. Schölmerich u. a. 2008).

3.2.2 Exkurs: Für die professionelle Bindungsdiagnostik

Frühe Bindung und ihre Qualität kann mit unterschiedlichen Beobachtungsmodellen erforscht werden, denn diese müssen sich den Altersentwicklungen der Kinder anpassen. Für die Altersgruppe der Zweieinhalb- bis Viereinhalbjährigen wird das Cassidy-Marvin-System (Cassidy & Marvin 1992; Marvin 2001) angewendet, der Test

„Preschool Assessment of Attachment“ (PAA) von Crittenden (1994/1999a) kann bei Kindern zwischen zweieinhalb und fünf Jahren angewendet werden und das „Main Cassidy-System“ nimmt sechsjährige Kinder experimentell in den Blick, setzt aber die Kenntnis des Bindungsverhaltens dieser Kinder im Alter von einem Jahr voraus (Gloger-Trippelt 2004, S. 96). Solche Testungen sind jedoch wissenschaftlich sorgfältig durchzuführen und erfordern Training. Keinesfalls sollten sie im ungeübten Rahmen durchgeführt werden.

Eine weniger testadäquate Umgebung ermöglicht der „Attachment Q-Sort“ (AQS), der im vertrauten heimischen Umfeld der Kinder durchgeführt wird – idealerweise von mehreren Beobachtern und der Bezugsperson. Er basiert auf einem Frage-/Beobachtungsbogen mit 90 Aussagen. Die „sichere Basis“ – also der Typ B – ist grundsätzlich in allen Ländern als kindliche Orientierung dominant, es gibt aber leichte kulturelle Unterschiede.

Für Kinder in der frühen bis mittleren Kindheit zwischen drei und acht Jahren werden auch Geschichtenergänzungsverfahren eingesetzt, bei denen die Kinder selbst zu verschiedenen Handlungen, in denen es auch um Trennungssituationen geht, das Ende eigenständig erzählen sollen. Außerdem gibt es – auch gerade für ältere Kinder – bildgestützte Tests, bei denen die Reaktionen und Kommentare videographiert und transkribiert und alsdann kategorisiert wurden.

Insgesamt zeigen die Befunde auf der Forschungsebene, dass das Gefühl des Kindes von einer sicheren Bindung einen Schutz darstellt gegen auffälliges und unerwünschtes Sozialverhalten. Insgesamt ist dies aber nur ein Einflussfaktor von vielen. Bindung ist sowohl vom Alter als auch vom kulturellen Kontext mit abhängig.

Gerade mit zunehmendem Alter des Kindes stehen Bindung und der Wunsch nach Selbstständigkeit sich gegenüber und mit diesen Bedürfnissen gehen Eltern – auch z. T. bewusst erzieherisch – unterschiedlich um. Die Verhaltensforschung muss deshalb sehr situationsspezifisch untersuchen und argumentieren.

3.2.3 Die Psychoanalyse

Psychoanalytische Betrachtungen der Frühen Bindung untersuchen heute die Bedeutung der Entwicklung metakognitiver Kontrolle (Fonagy 2003, S. 56f.). Es geht nicht mehr um die Untersuchung von Triebbefriedigung als Motivation aus der Körperlichkeit, sondern um Reaktionen auf Einflüsse der Außenwelt (Dornes, 2004, S. 45f.). Es scheint einen Zusammenhang zu geben zwischen der Bindungsqualität der Bezugspersonen und ihrem Vermögen, neue Bindungen mit ihrem Kind herzustellen. Feinfühligkeit der Bezugsperson war als wichtige Determinante der Beziehung bereits aus den Untersuchungen von Bowlby zur Bindungstheorie beschrieben worden – dennoch gab es hier innerhalb der als feinfühlig kategorisierten Bezugspersonen noch einen relevanten Korridor – eine Varianz von 7 %, die auf eine Transmissionslücke schließen ließ. Bezugspersonen waren als feinfühlig eingeordnet worden, trotzdem zeigten die Kinder kein sicheres Bindungsverhalten. Es musste noch andere Faktoren geben, die zunächst nicht aufschienen. Elterninterviews sollten hier Aufklärung herbeiführen. Dem bisher eingesetzten Instrument des „Adult Attachment Interviews“ (AAI) wurde neben einer „Skala des reflexiven Selbst“ (reflective-self-scale) eine „Skala der Selbstreflexion“ hinzugefügt, bei der es darum ging zu erheben, inwiefern die Befragten in der Lage waren, fremde Bedürfnisse – nicht nur die eigenen – zu reflektieren (Fonagy 2003, S. 56). „Die Autoren gehen davon aus, dass die kindliche Bindungsqualität eine Funktion des Grades ist, in dem sich Eltern in die vermuteten seelischen Zustände des Kindes hineinversetzen können“ (Dornes 2004, S. 54) und daraus entsprechende Handlungen ableiten, die das Kind versteht und die den Ursachen gerecht werden. Sie sind feinfühlig – aber mehr noch: sie spiegeln einerseits kindliches Verhalten wider und formen reaktiv die Affekte des Kindes um. Dies wird in der Psychoanalyse mit dem Begriff „Containment“ beschrieben: das weinende Kind wird aufgenommen, das Gesicht der Mutter „spiegelt“ den vermuteten Schmerz des Kindes und ihre Stimme und ihre Handlung bietet Trost und Linderung. Dies erfordert aber eine Interpretation der kindlichen Affektäußerung. Weniger reflektierte Bezugspersonen setzen nur bei den Symptomen an und hinterfragen nicht die Ursachen. Sie bieten hier vielleicht einen Schnuller an – was als „Coping“-Strategie bezeichnet werden würde (vgl. Dornes, S. 55) – oder füttern das Kind. Sowohl Spiegelung der Affekte als auch ein Angebot zur Bewältigung charakterisieren sichere Bezugspersonen. Diese Fähigkeit erfordert eine komplexe Situationsanalyse und auch ein genaues Beobachten des Kindes.

Bezugspersonen bilden, v. a. solange Kinder noch nicht sprechen können, Hypothesen über deren Bedürfnisse aus – genannt „Mentalisierung". Aufmerksamkeit für die Gesamtsituation, Empathie, die Fähigkeit, die Perspektive des Kindes einzunehmen, sind hier zentrale Voraussetzungen. Bezugspersonen, die solche Aufmerksamkeit und Interpretation ihrer eigenen Bedürfnisse in der Kindheit erfahren haben, tun sich leichter, diese Strategien auch bei der Betreuung ihrer eigenen Kinder anzuwenden.

Aber auch hier wird betont, dass Kindheitserfahrungen nicht schicksalshaft wiederholt werden müssen – weder in der einen noch in der anderen Richtung. Zahlreiche Umweltfaktoren können auch hier die Vorhersagbarkeit beeinflussen.

In der Familienbildung steht an erster Stelle der Unterstützungsangebote die Vermittlung einer grundsätzlichen Aufmerksamkeit für das Kind und die einer Unterscheidung der Perspektiven in die der Bezugsperson und die des Kindes. Gerade die Interaktion von Bezugspersonen und Kindern in der ganz frühen Phase der Entwicklung verbindet unsere beiden Einheiten der Frühen Bindung und der Sprachentwicklung – denn diese Art der Interpretation kindlicher Bedürfnisse durch die Bezugsperson ist eine erste Station der Sprachentwicklung (vgl. Einheit Sprache).

3.2.4 Die Theorie des Geistes (Theory of Mind)

Wie schon erwähnt, ist es eine wichtige Voraussetzung für die Fähigkeit des Menschen, sich mit anderen Menschen zu verständigen, mit ihnen Beziehungen einzugehen oder Bindung aufzubauen, sich ein inneres Bild, eine Vorstellung davon zu machen, wie andere Menschen und man selbst denken, fühlen und auf dieser Basis handeln. Diese „Sammlung intuitiver Ideen über psychische und kognitive Vorgänge des Menschen" (Krebs 2009, S. 9) wird von vielen Disziplinen untersucht, wenn auch häufig unter anderen Begrifflichkeiten wie z. B. „Mentalisierung" in der Psychoanalyse, „Theory of Mind" in der Entwicklungspsychologie oder „Metakognition" in der Kognitionswissenschaft. Vor allem der letzte Begriff kann uns helfen, das hier zu besprechende Phänomen zu verstehen. Diese „intuitiven Ideen über psychische und kognitive Vorgänge" sind zunächst einmal eine kognitive Leistung über Kognitionen (Metakognitionen), also Vorstellungen über unsere eigenen Denkweisen und Emotionen sowie die anderer Menschen. Diese inneren Zustände anderer Menschen zu erkennen, zu verstehen und auf dieser Basis die Verhaltensweisen anderer zu deuten, führt zu einer individuellen Theorie über mentale Zustände oder „Theory of Mind" (vgl. Dennett 1978). Diese Theory of Mind ist maßgebend dafür, ob und wie schon im Kleinstkindalter Bindungen aufgebaut werden.

Die Grundthese der Theory of Mind geht schon auf den Philosophen Georg Wilhelm Friedrich Hegel (1770-1831) zurück. In seinem Hauptwerk „Phänomenologie des Geistes" (1807) entfaltet er die Entwicklung des Geistes vom subjektiven Geist zum absoluten Geist und damit dem Wissen von der Welt. Grundgedanke ist ein Prozess des dialektischen, also aufeinander angewiesenen Verhältnisses des Subjekts zur Welt. In seinen frühen „Jenaer Schriften" (1801-1807) macht er konkreter die gelingende Entwicklung des Menschen in der Familie an der gegenseitigen „Anerkennung" als Liebe fest. In diesem gegenseitigen Verhältnis lernt das Kind reziprok, also wechselseitig, sich als geliebt wahrzunehmen und damit seinerseits Liebe und Anerkennung geben zu können. Dies ist für Hegel der Anfang eines Wissens um die Denk- und Gefühlswelt des Anderen.

Das Konzept einer expliziten Theory of Mind kommt jedoch aus der Primatenforschung und der Frage, ob Menschenaffen im Umgang mit Artgenossen eine Vorstellung von deren mentalen Zuständen hätten. Dieser Begriff wurde dann auch in die Entwicklungspsychologie übernommen, da Menschen in gewisser Weise durch Beobachtung Analogieschlüsse entwickeln. Sie erleben ihre eigenen innerpsychischen Vorgänge und entwickeln Hypothesen und Alltagstheorien zur Motivation und dem zu erwartenden Handeln anderer Menschen.

Unter dem Einfluss von Philosophen wie z. B. Daniel Dennett (1978) wurden sehr schnell Testanordnungen entwickelt, die solche Hypothesenbildung (zunächst bei Tieren, dann aber auch bei jungen Menschen vgl. Wimmer & Perner 1983) überprüfen sollten.

Für unser Thema interessant sind die inzwischen zahlreichen Studien, die den Gedanken nahelegen, dass die *Bindungssicherheit* des Kindes mit abhängig ist von seiner Fähigkeit, mentale Zustände anderer zu repräsentieren, sich also in diese hineinzuversetzen (vgl. ausführlich die Darstellung in Müller 2013). Damit erhalten die Beziehungen des Kindes mit den Bezugspersonen (die nicht notwendigerweise die leiblichen Eltern sein müssen) eine besondere Qualität für die Bindungsfähigkeit des Kindes. „(...) die spezifischen Erfahrungen des Kindes mit seiner Bezugsperson beeinflussen, *was* das Kind über sich selbst und andere Beziehungen denkt" (Müller 2013, S. 96).

Damit ist auch für die Familienbildung die Kenntnis dieser Zusammenhänge von zentraler Bedeutung. Bezugspersonen zu stärken und zu informieren, inneren Prozesse zu verbalisieren und damit Feedback-Instanz für die Kinder und Jugendliche zu sein im Hinblick auf das Gelingen der metakognitiven Hypothesen der Kinder und Jugendlichen. „Gelingt es Eltern [oder anderen Bezugspersonen], ihre Gedanken über ihre eigene innere Welt oder die ihrer Kinder in sprachlich-symbolischer Form zum Ausdruck zu bringen, so können sie ihre Kinder bereits in frühen Jahren bei der Ausbildung der Fähigkeit unterstützen, selbst in sprachlich-symbolischer Form darüber nachzudenken, was in ihnen und in anderen vorgeht" (Dattler 2006, S. 75).

3.2.5 Die biologische Perspektive

Klaus und Kennell legten Mitte der 1970er Jahre das Konzept des „Bonding" vor, nach dem die Frühe Bindung vor allem von Seiten der leiblichen Mutter verantwortet wird und zwar durch ein bestimmtes Verhalten in einer „sensiblen Phase der Mutterschaft" (Ahnert 2004, S. 64). In der Schwangerschaft und durch den Geburtsvorgang werden im Körper Hormone (insbesondere Oxytocin) ausgeschüttet („priming"), die Fürsorge stimulieren und Stress abwehren, was dann wiederum zu neuen Hormonausschüttungen führt. Allerdings kann es auch ohne natürlichen Geburtsvorgang zu fürsorglichem Verhalten kommen, es basiert also selbst auf sozialen Erfahrungen und der Fähigkeit zur Empathie. Diese sozialen Erfahrungen beziehen sich nicht nur unmittelbar auf die eigene erlebte ganz „Frühe Bindung", sondern auch auf spätere Ereignisse, die etwa mit Angst- und Schmerzerfahrung verbunden sind. Diese Situationen führen ebenfalls zu Hormonausschüttungen und können, bei stark negativen Erfahrungen der Mutter, deren biologisch induzierte Fürsorge bremsen (Ahnert 2004, S. 66).

Wichtiger positiver Faktor für gelingende Fürsorge und damit der Voraussetzung zur Herstellung Früher Bindung ist somit auch eine „gesunde" mütterliche Psyche. Die erste Interaktion zwischen Mutter und Kind legt nach dieser Theorie einen wichtigen Grundstein für die Bindungsfähigkeit und Sozialität des Kindes.

Diese Ergebnisse bestätigt auch die moderne Neurobiologie. Erfahrungen hinterlassen Spuren im Gehirn. Bei der Geburt sind noch nicht sehr viele dieser erfahrungsbedingten Verknüpfungen vorhanden – obwohl auch hier vermutet werden kann, dass etwa die Erfahrung, dass es der Mutter bei bestimmter Musik, die sie während der Schwangerschaft hört, besonders gut geht, und dadurch positive Gefühle und damit auch Hormone ausgelöst werden, sicher auch Einfluss auf das Kind besitzt. Gleiches gilt für negative Erfahrungen. Dennoch ist bei der Geburt noch viel Platz auf der „kindlichen Festplatte“ des Gehirns. Das Kind kommt mit einer Hirnstruktur auf die Welt, die darauf wartet, beschrieben zu werden. Jede Situation wird zu einer Spur, das Kind verknüpft das, was geschieht, mit dem Eindruck, den dies auf es macht. Dabei sind zwei Gehirnbereiche wichtig: der eine, der eine Situation erfasst, und der andere, der sie bewertet. Gelernt wird, wenn diese beiden „Reize“ gleichzeitig gesendet werden. Der so geprägte Weg wird, wenn er wiederholt wird, breiter und stabiler.

Wenn also ein Kind die Worte der Eltern hört, ist dies zunächst ein akustischer Reiz im Teil des Gehirns, das das Hören verarbeitet. Wenn dieser Reiz das Kind interessiert und dabei Gefühle entstehen – und damit „Glückshormone“ (Dopamin) ausgeschüttet werden –, werden diese Gefühle in der Gefühlsregion des Gehirns, dem Präfrontalcortex, mit dem akustischen Reiz verbunden und „positiv“ gespeichert.

Kinder lernen dabei gerade in den ersten Jahren besonders schnell. Vor allem lernt ihr Gehirn das Lernen. Wenn es keine oder nur wenige Anreize für solche Verknüpfungssituationen erhält, wird die Lernfähigkeit des Gehirns nicht trainiert. Seit Ende der 1980er Jahren hat die Entdeckung der Spiegelneuronen hier zu spannenden Erklärungen geführt. Das folgende Video versucht, sehr einfach vorzustellen, wie Spiegelneuronen funktionieren: www.youtube.com/watch?v=WtKpBHDSDmo

Wichtig ist also, dass Kindern Anregungen geboten werden: „Das Gehirn ist quasi von Natur aus „lernsüchtig“; es ist immer auf der Suche nach dem „Kick“ (Braun & Helmeke 2004, S. 284). Was grundsätzlich gilt, ist natürlich auch und vorrangig im Beziehungslernen besonders wichtig:

Eine stabile, aufmerksame Beziehungserfahrung des Kindes ist grundlegend für weitere Lernerfahrungen. Gefühlte Aufmerksamkeit und Zuwendung scheinen deutlich wichtiger als intellektuelle Anreize. In Studien mit Heimkindern, die zum einen ohne Bezugsperson, zum anderen mit geistig eingeschränkter Bezugsperson aufgezogen wurden, konnte Skeels (1966) feststellen, dass die emotional stabil, aber kognitiv elterlich wenig herausgeforderten Kinder bessere Intelligenzleistungen erbrachten als die Kinder, die ohne Bezugsperson aufgewachsen waren.

Kinder, die etwa durch Trennung in Stress-Situationen geraten, frieren ihr Gefühlszentrum quasi ein – was auch eine Art Selbstschutz-Mechanismus darstellt, weil sie eben keine negativen Emotionen herausfordern lassen wollen. Damit werden sie unbeweglicher für Lernvorgänge auch anderer Art. Die Kinder haben dann zwar noch alle lernvoraussetzenden Spinalsynapsen, sie sind aber gewissermaßen starr und stören eher beim Spuren neuer Wege. Auch hier empfiehlt sich also als Folge der Forschungsergebnisse pädagogisch „das rechte Maß": frühe Aufmerksamkeit und „Bestätigung" in kommunikativen Situationen, eine langsame Gewöhnung an Änderungen, damit möglichst wenig Stresshormone ausgeschüttet werden, die die positiven Eindrücke blockieren.

Spiel, Erfahrungen, Lernen (Braun & Helmeke 2004, S. 295), vor allem aber Aufmerksamkeit und Kommunikation, „echte" Anteilnahme scheinen für die Entwicklung der Gefühlsregion des Kindes im Gehirn wichtig zu sein. Bei allen späteren Handlungen werden solche Verknüpfungen vorgenommen. Gefühl und Verstand gehören zusammen. Damit möglichst viel positiv bewertet wird, muss diese Gefühlsregion zunächst positiv geprägt werden, also mit wenig Stress und Angsterfahrung, damit das Belohnungssystem geübt wird und die dazu nötigen Synapsen auch flexibel bleiben.

Das bedeutet keine 24-Stunden-Daueraufmerksamkeit einer Bezugsperson bis zum 18. Lebensjahr, denn diese wäre auch ein emotionale Überforderung der Bezugsperson. Studien haben auch gezeigt, dass Kinder kurzzeitige Trennungen auch ohne Stresshormonausschüttung aushalten können und sich mütterliche Aufmerksamkeit durch Erholungsphasen wieder intensivieren kann.

Außerdem sollte berücksichtigt werden, dass in den Studien immer von *einer* zentralen Bezugsperson ausgegangen wird. In früheren Familienverbänden, in denen etwa Großeltern oder andere Familienmitglieder oder Ammen etc. eingebunden waren, hat sich die Aufmerksamkeit auf viele Personen verteilt. Und in heutigen Familien werden – auch durch politische Förderung – Väter nachhaltig motiviert, die Betreuung des Kindes aktiv und eng mitzuübernehmen und in vielen Familien sind auch heute mehr Bezugspersonen einbezogen. Mehrgenerationenhäuser etwa schaffen hier neue Lebensformen und eine bessere Verteilung der Betreuungsarbeit.

3.3 Frühe Bindung und Medien

Wenn Menschen Eltern werden, geschieht dies als Erweiterung ihres bisherigen Rollenspektrums. Sie erhalten eine zusätzliche Aufgabe, daraus ergeben sich zusätzliche Handlungsbereiche und Verantwortungen. Aber sie bleiben auch das, was sie vorher waren: junge Menschen mit Bezug zu Gleichaltrigen und Teile ihrer jeweiligen Handlungsräume, auch „Kulturen“ genannt. Man bleibt Kind seiner Eltern, Geschwisterkind, Sportfreund*in, Kolleg*in, erwachsene/r Beziehungspartner*in. Die eigenen Bedürfnisse – zu denen heute Medien ganz zentral gehören – werden nicht plötzlich auf Eis gelegt. Sie sind auch zur Organisation und zum Gefühlsmanagement der neuen Situation ganz wichtig: Musik kann auch der Mutter helfen, mit der veränderten Hormonsituation und eigenen Sorgen und Ängsten – aber auch den Freuden – emotional umzugehen. Und sozial hervorgerufen, gelten solche Gefühle auch für die/den Partner*in (auch in gleichgeschlechtlichen Beziehungen). Kommunikation über die sozialen Netzwerke, Informationssuche im Internet – auch zu allem um die Geburt und neue Situation, später Fotos, eigene Videos über die junge Familie, aber auch einfach die Lieblingsserie zur Unterhaltung und Erholung – die digitalen Medien sind und bleiben fester Bestandteil elterlicher Sozialität. Familiäre Unterstützung wird auch hier Handlungspraxen grundsätzlich anerkennen müssen, wenn sie die Betroffenen erreichen will. Über das Maß und die Wertigkeit allerdings sollte reflektiert werden.

Reflexion ist ohnehin zentrale Empfehlung. Programme, die die Elternschaft unterstützen – wie das STEEP-Programm (Farrell Erickson & Egeland 2009; Suess 2016) – arbeiten immer wieder mit Beobachtungen und Videoaufzeichnungen, um Eltern ihr eigenes Verhalten zu spiegeln. Auch hier spielen Medien also eine wichtige Rolle zur Dokumentation.

Immer wieder wird diskutiert, inwiefern Kinder denn Schaden nehmen von frühem Kontakt mit digitalen Medien. Auch hier sind keine Pauschalaussagen sinnvoll. Natürlich ist unmittelbare körperliche Präsenz und Aufmerksamkeit das Beste für Kinder. Aber unsere Realität verlangt oft andere Szenarien und das Ideal ist nicht immer erreichbar. Elternteile wohnen nicht immer beieinander, Patchworkfamilien oder Situationen der Migration oder Berufstätigkeit in anderen Städten führen dazu, dass Kontakte nicht immer persönlich ausfallen können.

Wenn Beziehungen auf mehrere Personen verteilt sind, ist ein Kontakt der Kinder mit der anderen Bezugsperson, die nicht anwesend ist, via Videokonferenztools oder Messenger-Dienste eine Bereicherung, das haben alle im Lockdown der Corona-Pandemie erfahren. Live-Bild und -Ton der Person im Bewegtbild ersetzen keine physische Anwesenheit, aber die Kompensation ist intensiver, als wenn die Kinder nur telefonieren oder ein statisches Bild anschauen.

Alle Theorien legen nahe, Frühe Bindung ernst zu nehmen – sie bleibt lebenslang wirksam und prägend für die nächste Generation. Zwischen der sechsten Woche und dem sechsten Monat beginnt die wichtige Bindungsphase, sie kommt zwischen dem sechsten Monat und dem Alter von zweieinhalb Jahren in die zentrale Phase und verändert sich danach dahingehend, dass das Kind immer größere Freiräume zur Erkundung der Welt sucht (vgl. Lengning & Lüpschen 2012, S.14). Je mobiler das Kind wird, desto eigenständiger will es auch seine Umgebung erkunden. Und gerade in diesen Phasen ist die Aufmerksamkeit der Bezugsperson wichtig. Das Kind braucht die Sicherheit, dass seine Bezugsperson den Radius im Auge behält, in dem es sich bewegt. Gerade die Medientätigkeiten der Bezugspersonen, die häufig „nebenbei" erfolgen, können hier in entscheidenden Momenten ablenken und damit Gefahren übersehen – im Haus wie im Freien.

Vor allem aber entstehen Lern- und Erfahrungsprozesse durch Kommunikation mit den Kindern. Diese erfordern Aufmerksamkeit – nicht nur aus dem Augenwinkel, sondern ganz. Das Kind braucht die Augen der Bezugsperson als reaktiven Spiegel der eigenen Äußerungen und Handlungen. Mimik, Gestik, Tonalität – diese ersten, primären Medien (Pross 1972, siehe Einheit *Basismodul*) werden zu emotional hochwirksamen Stimuli, die lebenslanges Lernen und die Fähigkeit, mit Herausforderungen mehr oder weniger stressbehaftet umzugehen, prägen. Zu unterscheiden sind deshalb:

- Mediennutzung als Teil der Kommunikation *mit* dem Kind (wie das Videokonferenz-Gespräch, später das gemeinsame Anschauen auch eines digitalen Bilderbuchs),
- Mediennutzung als Teil der Kommunikation *über* das Kind (in Aufzeichnungen für Fotos, Videos etc.),
- Mediennutzung *neben* der Kinderbetreuung (TV, Messenger-Dienste, die die Aufmerksamkeit binden), Mediennutzung *als interpretatorischer Rahmen* für Bindungsverhalten.

Die situative Angemessenheit in Art, Dauer und Gesamtsetting ist zu betrachten. Dazu gibt es keine Pauschalnormen. Betreuungskultur verändert sich und ist per se unterschiedlich. So tragen etwa Frauen in afrikanischen Gesellschaften ihre Kinder zwar kontinuierlich mit sich herum, aber sie kommunizieren weniger mit ihnen als Frauen dies in westeuropäischen und anderen Teilen der Welt machen. Unsere bisherigen Forschungen sind also auch selbst ein Spiegel unserer kulturellen Normen und Traditionen (vgl. Keller 2011).

Die Prägung eines Kindes ist von vielen Faktoren abhängig und man kann nie alle kontrollieren. Weder das Neugeborene noch seine Bezugspersonen sind (heute) Computer. Im Laufe der weiteren (technischen) Entwicklung wird sich auch hier einiges verändern und wir können nicht alles im Voraus ablehnen. In der Seniorenbetreuung werden heute schon Roboter eingesetzt. Sie können Gefühle erkennen und darauf wünschenswert reagieren. Als Perspektive für die Kindererziehung und die Prägung „Früher Bindung“ macht uns dies heute mehrheitlich wohl eher Unwohlsein, wir wollen auf die viel komplexeren sinnlichen Botschaften, die Menschen vermitteln können, nicht verzichten und die Bindungstheorie bestärkt uns darin. Wir diskutieren den Einfluss von KI in einem späteren Kapitel.

Frühe Bindung soll menschliche Bindung sein und bleiben. Aber in einer mediatisierten Gesellschaft werden Medien auch in diesem Prozess immer eine Rolle spielen.

Dass das Bindungsverhalten von Eltern und Kindern auch in einen Zusammenhang mit der Mediennutzung gebracht werden kann, untersuchen ebenfalls einige Studien. Hier scheint sich insgesamt der Eindruck herauszustellen, dass Medien(-vorbilder) größeren Einfluss auf das Bindungsverhalten in Familien von eher unsicheren Verhaltenstypen (A, C, D) besitzen und hier z. B. das Körperbild in der Selbstwahrnehmung junger Adoleszenter beeinflussen (Cheng & Mallinckrodt 2009) – wenngleich geringer, als dies durch die Peer-Group selbst verursacht wird (Patton u. a. 2014). Junge Erwachsene mit Computerspielsucht geben ihrerseits u. a. Probleme mit den Eltern an, deren Bindungstypus und -angebot konnte aber bisher nicht in Zusammenhang mit der Wahrnehmung ihrer Kinder gebracht werden (Lee & Octhae 2017; Sauter u. a. 2016). Allerdings scheint auch hier wiederum eine sichere Bindung eine gute Basis zu sein gegen exzessiven Mediengebrauch (Plassmann 2014; Sauter u. a. 2016) – wenn auch hier vermutet werden muss, dass erneut mehrere, v. a. auch soziale Faktoren einflussreich sind.

3.4 Was heisst das für die (professionelle) Praxis?

Wir wenden uns in dieser Anregung jetzt im engeren Sinne der professionalisierten Erziehung zu: Konkreten pädagogischen Einrichtungen und ihre Regeln.

Wie gehen Sie als Erziehungsprofi in Ihrer Einrichtung mit digitalen Medien im Kontext Früher Bindung um? Gibt es Regeln? Spricht man darüber? Verbote sind heute immer die radikalste Lösung. Selbstverpflichtungen sind partizipativer und erlauben auch begründete Ausnahmen.

Reflektieren Sie – je nach Ihrem eigenen Aufgabenbereich –, wo Ihrer Meinung nach die Nutzung und ihre Folgen besprochen werden sollten. Welche Empfehlungen würden Sie einbringen?

3.5 Literatur

Ahnert, Lieselotte (Hrsg.). 2014. *Frühe Bindung. Entstehung und Entwicklung*. München: Ernst Reinhardt Verlag.

Besser, Lutz-Ulrich. 2010. Bindungssehnsucht und der Einfluss der Medien. In Brisch, Karl Heinz & Hellbrügge, Theodor (Hrsg.), *Bindung, Angst und Aggression. Theorie, Therapie und Prävention*. Stuttgart: Klett-Cotta, S. 84-110.

Braun, Katharina & Helmeke, Carina. 2014. Neurobiologie des Bindungsverhaltens: Befunde aus der tierexperimentellen Forschung. In Ahnert, Lieselotte (Hrsg.), *Frühe Bindung. Entstehung und Entwicklung*. München: Ernst Reinhardt Verlag, S. 281-296.

Dahlberg, Gunilla. 2009. Policies in Early Childhood Education and Care: Potentialities for Agency, Play and Learning. In Qvortrup, Jens, Corsaro, William A. & Honig, Michael-Sebastian (Hrsg.), *The Palgrave Handbook of Childhood Studies*. London: Palgrave MacMillan, S. 228-237

Datler, Wilfried. 2006. Geistig behinderte Menschen ansprechen. Über Mentalisierungsprozesse und die Bedeutung der Thematisierung von Innerpsychischem. In Gruntz-Stoll, Johannes (Hrsg.), *Verwahrlost, beziehungsgestört, verhaltensoriginell: Zum Sprachwandel in der Heil- und Sonderpädagogik*. Bern: Haupt, S. 69-91.

Dennett, D. 1978. Beliefs about beliefs. *Behavioral and Brain Sciences*, 1, S. 568-570.

Dornes, Martin. 2004. Psychoanalytische Aspekte der Bindungstheorie. In Ahnert, Liselotte (Hrsg.), *Frühe Bindung. Entstehung und Entwicklung*. München: Ernst Reinhardt Verlag, S. 42-62.

Farrell Erickson, Martha & Egeland, Byron. 2009. *Die Stärkung der Eltern-Kind-Bindung*. Hrsg. d. dt. Ausgabe: Gerhard J. Suess (2016). Stuttgart: Klett-Cotta.

Fonagy, Peter & Target, Mary. 2003. *Frühe Bindung und psychische Entwicklung*. Gießen: Psychosozial-Verlag.

Gloger-Tippelt, Gabriele 2008. Individuelle Unterschiede in der Bindung und Möglichkeiten ihrer Erhebung bei Kindern. In Ahnert, Liselotte (Hrsg.), *Frühe Bindung, Entstehung und Entwicklung elterlicher Beziehungskompetenzen*. München: München: Ernst Reinhardt Verlag, S. 82-109

Hopf, Christel & Nunner-Winkler, Gertrud (Hrsg.). 2007. *Frühe Bindungen und moralische Entwicklungen*. Weinheim, München: Juventa.

Hsiu-Lan, Cheng & Mallinckrodt, Brent. 2009. Parental Bonds, Anxious Attachment, Media Internatization and Body Image Dissatisfaction: Exploring a Mediation Model. *Journal of Counseling Psychology*, 56 (3), S. 365-375.

Keller, Heidi. 2011. Die Sprache elterlicher Strategien. In Hoffmann, Ludger, Leimbrink, Kerstin & Quasthoff, Uta (Hrsg.), *Die Matrix der menschlichen Entwicklung*. Berlin, Boston: De Gruyter, S. 143-164.

Krebs, Anke. 2009. *Zum Zusammenhang von Bindungssicherheit und metakognitiven Fähigkeiten*. Wien: Universität Wien. https://core.ac.uk/download/pdf/11586897.pdf

Lengning, Anke & Lüpschen, Nadine. 2012. *Bindung*. München: Ernst Reinhardt Verlag.

Lee, Changho & Ocktae, Kim. 2017. Predictors of online game addiction among Korean adolescents. *Addiction Research & Theory*, 25 (1), S. 58-66.

Müller, Lisa. 2013. *Untersuchung zur Bedeutung der elterlichen Mentalisierungsfähigkeit und der Bindungssicherheit des Kindes für die Entwicklung der Theory of Mind und der Reflexiven Kompetenz von Kindern im Vorschulalter*. Wien. Universität Wien. https://services.phaidra.univie.ac.at/api/object/o:1299475/get

Patton, Sarah C., Beaujean, A. Alexander & Benedict, Helen E. 2014. Parental bonds, attachment anxiety, media susceptibility, and body dissatisfaction: a mediation model. *Developmental Psychology*, 50 (8), S. 2124-2133.

Plassmann, Reinhard. 2014. Von der Bindungsstörung zum Bildschirmtrauma. In Wahl, Pit & Lehmkuhl, Ulrike (Hrsg.), *Seelische Wirklichkeiten in virtuellen Welten*. Göttingen: Vandenhoeck & Ruprecht, S. 15-33.

Sauter, Katharina, Wallner, Susanne, Semmler, Mark & Reinecke, Jost. 2016. Gewalthaltige Computerspiele, Erziehungsverhalten und Jugenddelinquenz. *Rechtspsychologie*, 2 (2), S. 149-171.

Schölmerich, Axel, Leyendecker, Birgit, Citlak, Banu, Caspar, Ulrike & Jäkel, Julia. 2008. Assessment of Migrant and Minority Children. *Zeitschrift für Psychologie*, 216 (3), S. 187–194.

Wimmer, Heinz & Perner, Josef. 1983. Beliefs about beliefs: Representation and constraining function of wrong beliefs in young children's understanding of deception. *Cognition*, 13, S. 103-108.

4. Modul „Sprachentwicklung“

4.1 Was Sie in dieser Lerneinheit erwartet

Zum Umgang mit Medien und zum Aufbau einer eigenständigen Medienkompetenz gehört nicht nur das technische Beherrschen von Medien – allem voran muss das Erlernen der Sprache erfolgen. Spracherwerb und Medienumgang sind heute eng miteinander verknüpft. Wer also etwas über Medien als Gestalter des individuellen und familiären Alltags erfahren und diesen erzieherisch gestalten möchte, muss sich auch mit der Sprachentwicklung auseinandersetzen.

In dieser Einheit lernen Sie Theorien der Sprachentwicklung und des Spracherwerbs kennen. Sie werden danach wissen, wie sich Sprachfähigkeiten entwickeln, welche altersabhängigen Phasen hier unterschieden werden können und zu welchen Sprachentwicklungsstörungen es in den jeweiligen Phasen kommen kann.

Außerdem überlegen wir, was Sprache und Medienbildung miteinander zu tun haben und stellen gemeinsam Überlegungen und Reflexionen für Ihre Praxis an.

4.2 Der Spracherwerb – theoretische Hintergründe

Der Erstspracherwerb wird seit gut hundert Jahren erforscht. Als Bezugsdisziplin gilt die Psychologie, die sich mit Gebieten wie der kognitiven, anlagebedingten und der sozialen, milieubedingten Entwicklung auseinandersetzt. Schon immer wurden dabei die wechselseitigen Einflüsse der intrinsischen (also inneren, in der Anlage des Menschen zu suchenden) und extrinsischen (äußeren, also im Milieu, der sozialen Herkunft zu suchenden) Faktoren auf die Sprachentwicklung von Kindern herausgestellt.

In der Geschichte der Erstspracherwerbsforschung variierten die Vorstellungen, wie ein Kind zu einer ersten Variante muttersprachlicher Kompetenz kommt. So vermutete z. B. der amerikanische Linguist Noam Chomsky, dass Menschen über eine *universale Grammatik* verfügen – wesentliche Elemente der Grammatik seien den Kindern quasi angeboren, weil nur so der leichte und schnelle Spracherwerb von Kindern zu erklären sei. Diese *nativistische Theorie* erfuhr im Laufe der Zeit wesentliche Wandlungen. Aktuell findet sich ein sogenannter *epigenetischer Ansatz* in der Spracherwerbsforschung. Dieser bezeichnet die Einsicht, dass der Gebrauch und die Entwicklung von menschlicher Sprache ein Produkt der Interaktionen mit anderen Menschen (zunächst den Eltern) und mit der sozialen Umwelt ist. So kommt zum Beispiel ein Säugling mit angeborenen Fähigkeiten zur Welt (Sinneswahrnehmungen, Möglichkeiten zur Lautbildung), die für die Sprache nutzbar sind, die sich aber erst in einer anregenden, Sprache vermittelnden, sozialen Umwelt entfalten.

Von einer universalen Theorie, welche in der Lage ist, die verschiedenen Formen des Spracherwerbs mit seinen variantenreichen Ausprägungen (zum Beispiel „Dialekte" oder „Soziolekte", also Abweichung zur Standardsprache) zu beschreiben und zu erklären, ist man in der linguistischen Forschung noch entfernt. Das liegt aber sicher auch am Gegenstand. So ist *die Sprache* kein homogenes Gebilde, sondern in sich selbst wiederum differenziert. Wenn man von *der Sprache* oder auch nur *der deutschen Sprache* spricht, ist dies eine Abstraktion, in der von spezifizierenden Aspekten wie Kontext (in dem Sprache erworben wird), Situationen (z. B. wo und mit wem sprachliche Handlungen stattfinden) oder auch individuellen Bedingungen des Sprachgebrauchs abgesehen wird. Außerdem ist die Sprache nicht zwingend an artikulierte Laute gebunden, die gehört werden müssen. Sie beschreibt vielmehr das Vermögen, konventionelle Zeichen zu produzieren und mit Sinn versehen zu können. So können auch gehörlose (und zusätzlich ggf. auch blinde) Kinder und Kinder mit angeborener Sprechlähmung zu einer Variante von Sprache kommen.

In der älteren Literatur findet sich zudem oftmals der Hinweis, dass der Spracherwerb im Alter von vier bis fünf Jahren grundsätzlich abgeschlossen sei (vgl. Oksaar 1977).

> Mittlerweile ist die These eines irgendwann endgültig abgeschlossenen *Spracherwerbs* nicht mehr aufrecht zu erhalten. So ist das Erlernen von neuen Wörtern und neuen Gebrauchsweisen von Wörtern (lexikalischer Bereich) offenkundig ein nie abgeschlossener Prozess. Das gilt selbst für grammatisch-strukturelle Eigenschaften aus der Syntax oder der Morphologie. Wir erlernen *Sprache* ein ganzes Leben lang.

Seit den 1970er Jahren – mit der so genannten *pragmatischen Wende* – wird ein erweiterter Sprachbegriff verwandt. Dieser geht davon aus, dass zum Spracherwerb nicht ausschließlich grammatikalische Aspekte gehören. Auch kommunikative-pragmatische Aspekte (z. B. die Entwicklung von Bedeutungen oder Begriffssystemen, der Erwerb von situationsangemessener Kommunikation) gehören zum Spracherwerb und werden von der Forschung berücksichtigt.

4.2.1 Die Sprachentwicklung im Lebenslauf eines Kindes

An dieser Stelle werden wir in den Blick nehmen, wie sich die Sprachentwicklung im Alter von null bis sechs Jahren beschreiben und modellieren lässt.

Die Entwicklung des *(monolingualen) Erstspracherwerbs*, also des Erwerbs *einer* Erstsprache, ist ein natürlicher Prozess. Das heißt, er wird nicht systematisch von außen gesteuert, sondern läuft in der alltäglichen Kommunikation ohne planvolle Intervention ab (im sogenannten „Sprachbad“ der sozialen Umgebung) und führt so zu einer Beherrschung der Erstsprache. Heute wachsen Kinder vielfach mit mehr als einer Erstsprache auf: Sie hören und gebrauchen von Anfang an mehr als eine Sprache, etwa, weil ihre Eltern/Großeltern zu Hause auch in einer anderen Sprache sprechen. Als „Erstsprache“ bezeichnet man schließlich die Sprache, die das Kind letztlich am besten spricht. Hier kann also ein Wandel von der Sprache stattfinden, mit der es zuerst konfrontiert wurde zu der Sprache, die es später am sichersten beherrscht. Das können aber auch mehrere Sprachen sein. Dann spricht man von der „zweiten Erstsprache bzw. bilingualem Erstspracherwerb“[1].

Dass Spracherwerb ein unbewusster und impliziter Vorgang in natürlicher Umgebung ist, wird deutlich, wenn man sich die ersten Äußerungen von Säuglingen in Kontakt mit ihren Eltern vergegenwärtigt. Die Säuglinge brauchen besonders in den ersten Lebensmonaten eine reichhaltige sprachliche Umwelt. Hier greifen unsere Einheiten ineinander – diese Aufmerksamkeit der Eltern ist auch Teil der *Frühen Bindung*.

Vor allem die primären Bezugspersonen lassen sich durch das Kind leiten und dosieren ihre Anregungen entsprechend der kindlichen Aufnahmebereitschaft. Kinder und Bezugspersonen bilden sogar teilweise einen eigenen „Code“ aus, den nur sie verstehen.

Etwa, weil das Kind anfangs noch nicht alle Buchstaben sprechen kann. Bekannt sind Varianten wie Dada statt Papa, oder „Bummer“ (statt „Brummer“) für Staubsauger.

„Feinfühlige“ und reflexive Bezugspersonen versuchen, die Kinder anzuregen, aber nicht völlig zu überfordern. Der Sprachwissenschaftlicher Wygotski (1969, S. 159f.) nennt das auch die *Zone der nächsten Entwicklung* ansteuern. In seiner Theorie macht er deutlich, dass Eltern ihr Verhalten relativ exakt auf die Fähigkeiten ihrer Kinder abstimmen können und damit Entwicklungsprozesse unterstützen. Dieses Phänomen beschreibt auch das englische Wort *motherese* – auch *baby talk* genannt – als die Art von Sprache, mit der – traditionell – Mütter ihre Kinder ansprechen und mit ihnen kommunizieren Dieses Register beherrschen aber auch andere Bezugspersonen unabhängig vom Familienstand und Geschlecht. Es verlangt aber auch, die Kommunikation „mit den Augen des Kindes zu betrachten“ – oder besser: mit den Möglichkeiten. Metakognitive Reflexion ist hier gefragt. Die elterliche Kommunikation mit dem Kind zeichnet sich dabei vor allem aus durch

- eine Anpassung der Sprachmelodie und der Verlangsamung des Sprechtempos,
- das Herstellen einfacher Satzstrukturen, die Verwendung von Nomen statt Pronomen, Wiederholungen,

1 Die Erstsprache bzw. Muttersprache wird L1 genannt. Die Zweitsprache entsprechend L2, Der Erwerbsprozess der Erstsprache findet von Geburt an statt. Zweitspracherwerb erfolgt meist ab dem 3. Lebensjahr und dem Eintritt in soziale Kontexte wie Kindergarten oder Vorschule. Man verwendet den der Erstsprache als Hinweis darauf, dass das Kind im frühen Lebensalter mehr als eine Sprache erwerben kann.

- eine Strukturierung des Gesprächs durch Fragen,
- die Verwendung von Verkleinerungsformen und kindersprachlichen Ausdrücken sowie
- die Ausrichtung auf die Gegenwartssituation (vgl. Lang 2010, S. 55).

Die sprachliche Entwicklung vollzieht sich aber nicht nur durch die Anregung mittels verbaler, sondern auch durch nonverbale Reize oder *Stimuli*. Das kleine Kind ist in der Lage, nicht nur stimmliche Äußerungen seiner Umwelt, sondern auch Mimik, Gestik, Körperhaltung, besonders aber auch die Stimmlage zu verinnerlichen. Dieses sind alles „Medien“. Hier werden die Emotionen direkt angesprochen und die sind wichtig, um zu lernen. Auch das finden Sie in unserer Einheit zur „Frühen Bindung“. Bevor das Kind mit etwa einem Jahr die ersten Worte spricht und lernt, damit Bedeutung zu verknüpfen, kommuniziert es mit seiner Umgebung durch Lautäußerungen, Blicke, Lächeln und Bewegungen (vgl. Leimbrink 2010, S. 17). Zudem lernen kleine Kinder, ihr Interesse – weg von der reinen Konzentration auf die Mutter – auf Dinge ihrer Umwelt zu legen. Indem die Aufmerksamkeit auf verschiedene Objekte gelenkt wird, habitualisieren die Kinder das Phänomen, diese Objekte mit verschiedenen, regelhaften Lautketten zu bezeichnen. Das ist die Bedingung, um mit spätestens 18 Monaten die ersten Wörter bilden zu können. Kinder erwerben in diesem Kontext die Fähigkeit, zu erkennen, dass sich sprachliche Äußerungen auch auf Nichtsprachliches beziehen – was man mit „Referentialität“ bezeichnet – und dass dem Sprachakt eine Handlungsabsicht zugrunde liegt, er also auf „Intentionalität“ verweist (vgl. Lang, 2010, S. 53). Für die Sprachentwicklung ist gerade der Zeitpunkt um den neunten Monat herum wichtig, weil dort die Kinder in die Lage kommen, von der Fokussierung auf den Gegenstand und ihr eigenes Erkunden auf die Kommunikationspartner zu blicken und mit ihnen über einen Gegenstand Kontakt herzustellen – meist begleitet durch die Verwendung des Wortes „da“ (Lang 2010, S. 54).

Der Erstspracherwerb ist dabei als eine Komponente der von Geburt an einsetzenden, natürlich ablaufenden, kognitiven und sozialen Entwicklung eines Kindes zu sehen. Selbstverständlich gibt es individuelle Varianten bei einem so ungesteuerten Spracherwerb. So besitzt jedes Kind seine biologisch gegebene Lernfähigkeit sowie seinen individuellen – zum Teil schon pränatal wirksamen – sprachlichen Input. So zeigen Experimente der Neurolinguistik, dass Kinder, die man bereits mit wenigen Tagen testet, über ihr Nuckel-/Saugverhalten bei Konfrontation mit ihrer Umgebungssprache oder einer anderen Sprache unterschiedliche Aufmerksamkeit und Reaktionen zeigen. Man interpretiert dies als Anzeichen für Bekanntheit und Neuheit.

Diese verschiedenen oben beschriebenen Lernfaktoren wirken letztlich alle auf den Prozess des Spracherwerbs ein. Erwiesen scheint ein Zusammenhang zwischen dem Wortschatzaufbau und dem Vermögen, grammatische Strukturen zu entwickeln – nur mit verschiedenen Wörtern kann man Sätze bauen (Kauschke 2000, nach Lang 2010). Kinder, die früh viele Wörter erlernen, setzen den engagierten Wortschatzerwerb fort und verfügen auch mit drei Jahren über eine komplexere grammatische Fähigkeit als Kinder, die entsprechend sparsam ihren Wortschatz ausbauen.

Frühe Förderung ist damit ein Schlüssel auch für spätere Chancen und Kompetenzen oder anders: Bildungsbenachteiligung wird durch mangelnde Bildungsaspiration (= Bildungsorientierung) des Umfelds in den ersten Lebensjahren manifestiert.

Neben Wortschatz und Grammatik ist im Kontext der Sprachentwicklung auch die Pragmatik wichtig, die die Fähigkeit zur Dialogführung betrifft. Hier zeigen Kinder im Alter von etwa zwei Jahren an, dass sie Sprecherrollen und Sprecherwechsel erfahren haben und ausprobieren. Das sogenannte „turn-taking" (Gesprächsübernahme) wird auch körpersprachlich verstärkt: Kinder schauen den Gesprächspartner an in Erwartung einer Antwort oder schauen gezielt weg, wenn sie Gespräche beenden wollen. Insgesamt erfolgt in allen drei Bereichen – Wortschatz, Grammatik, Pragmatik – eine sukzessive Entwicklung vom Einfachen zum Komplizierteren. Erst nach dem Schulbeginn wird Kindern die volle Symbolhaftigkeit von Sprache deutlich. Sie wenden in dem Alter schon Begriffe an, die sie jedoch in ihrer Abstraktion selbst nicht erklären können.

Modelle, welche die wesentlichen Phasen der sprachlichen Entwicklung genauer in den Blick nehmen, haben vor allem analytische Funktion. Sie erlauben einen Überblick über die typischen sprachlichen Leistungen von Kindern in einem bestimmten Alter. Die nachfolgende Tabelle (Tab. 1) zeigt Ihnen so ein Entwicklungsmodell. Dieses informiert Sie detailliert über die Merkmale *Wortschatz*, *Sprachverständnis*, aber auch *Artikulation* und *Grammatik* bei einer „normalen" (deutschen) Sprachentwicklung. Ausreichend ist das oft nicht, denn Mehrsprachigkeit, mit der viele Kinder heute aufwachsen, ist eine große Kompetenz, die unbedingt wertgeschätzt und beachtet werden muss.

Bitte sehen Sie diese Tabelle also nur als grobe Orientierung. Jedes Kind ist anders. Vor allem Kinder, die mit mehr als einer Sprache aufwachsen, zeigen auch andere Verläufe. Aber es gibt weitere Gründe für Unterschiede. Trotzdem ist dies eine wichtige Orientierung, denn das, was das Kind zeigt, ist fast immer auch ein Zeichen dafür, was das Kind angeboten bekommt. Insofern soll Ihnen diese Übersicht immerhin eine Leitlinie geben, die dann aber im Individualfall sorgfältig hinterfragt werden muss – ggf. mit Logopäden, einem Kinderarzt oder einem/einer Psycholog*in.

Ausspracheentwicklung		
ab 6 Monaten	Beginn der Lallphase Bildung erster Laute begrenztes Konsonanteninventar (z. B. b, p, m, n, d, t) Produktion einfacher Silben bzw. Silbenketten	Beispiele: bababa dadada mamama
ab 10 bis 12 Monaten	erste Wörter Die lautliche Form der Wörter variiert noch stark. begrenztes Phoneminventar (z. B. b, p, m, n, d, t)	
ab 18 Monaten	Ausbau des Konsonanteninventars (z. B. v, f, l, j, x, h, k, s/z, r, g, k, ng) Laute werden häufig systematisch durch andere Laute ersetzt. Einzelne Laute oder unbetonte Silben werden z.T. ausgelassen (phonologische Prozesse).	Beispiele: Tider statt Tiger Nane statt Banane Pall statt Ball
bis 5 Jahre	Vervollständigung des Lautinventars (ch, ts, sch) Die letzten phonologischen Prozesse werden abgebaut (z. B. Vereinfachung von Konsonantenverbindungen.)	

Wortschatzentwicklung		
ab 10 bis 12 Monaten	erste Wörter zunächst langsamer Wortschatzaufbau Wörter werden häufig eher situationsbegleitend als referentiell verwendet.	
ab 18 Monaten	Phase der ersten 50 Wörter Entdeckung der Benennfunktion von Wörtern Beginn des Wortschatzspurts (Ein Kind nimmt täglich 8-10 neue Wörter in den passiven Wortschatz auf.) Mit 24 Monaten umfasst der aktive Wortschatz ca. 200 Wörter, mit 30 Monaten ca. 500 Wörter. Das Kind erwirbt etwa 25 neue Wörter im Monat. Der passive Wortschatz ist etwa vier- bis zehnmal so groß wie der aktive Wortschatz. Große Unterschiede zwischen Kindern!	
bis 5 Jahre	Der aktive Wortschatz liegt bei etwa 2000 Wörtern.	

Grammatikentwicklung		
ab 12 Monaten	Einwort-Äußerungen (vor allem Nomen, Partikeln) Auslassungen von Artikeln, Präpositionen und anderen Funktionswörtern, Subjekten und Verben	Beispiele: ball. da. nein. weg.
ab 18 Monaten	Mehrwortäußerungen Funktionswörter wie Artikel und Präpositionen fehlen in der Regel. Verben und Subjektive werden häufig ausgelassen. Verben stehen überwiegend am Satzende.	Beispiele: maxe auch puppa habe. maxe auch apfel mach.
2;0 bis 3;0 Jahre	Erwerb der Satzstruktur des Deutschen, das heißt: keine Auslassungen mehr von Artikeln, Präpositionen und anderen Funktionswörtern, Subjekten und Verben W-Fragen Subjekt- Verb-Kongruenz (Verben stimmen mit dem Subjekt überein) Verben stehen nun auch in Zweitstellung.	Beispiele: du sollst stall baun. die mama kann mehr einkaufe.
2;6 bis 3;6 Jahre	Erwerb komplexer Sätze (Nebensätze) Beginn des Kasuserwerbs	
bis 5 Jahre	Ausbau des Kasus- und Genus-Systems	

Sprachentwicklung ab dem 6. Lebensjahr		
ab 6 Jahren	indirekte Sprechakte Interpretationen von „theory of mind" (Annahmen über Bewusstseinsvorgänge in anderen Personen) Infinitivsätze oder abstrakte Wörter wie Mut usw. Passivkonstruktionen werden z.T. aber auch schon von Drei- bis Vierjährigen produziert. Mengenausdrücke wie jeder, alle Ausdrücke wie nur, auch, fast Ironie spezifische Wörter wie stolpern, lügen	(Es zieht! als Aufforderung, das Fenster zu schließen) z. B. X denkt, dass...; X glaubt, dass...; X weiß nicht, ob... (Ich verspreche, dir ein Eis zu kaufen. Ich verbiete dir, ein Eis zu kaufen.) (Der Bär wird vom Affen gekratzt.) (Jeder Bär kratzt einen Affen. – Alle Bären kratzen einen Affen.) (Anna hat nur/ auch/ fast ein Auto gewonnen.)

Tab. 1: Sprachentwicklung nach Ruberg u. a. (2013, S. 24f.) (eigene Darstellung)

4.2.2 Sprachentwicklungsstörungen

Grundsätzlich kann es im Spracherwerbsprozess zu Störungen oder Verzögerungen kommen. Während Kinder Sprachentwicklungs*verzögerungen* noch selbst wieder aufholen können, besteht bei Sprachentwicklungs*störungen* in den meisten Fällen professioneller Förderbedarf. In Deutschland werden Kinder, die im Alter von 24 Monaten nicht mehr als 50 Wörter sprechen, als „Late-Talker" bezeichnet. Ursachen können sowohl genetisch-biologische als auch psychosoziale Risikofaktoren sein. Bereits im ersten Lebensjahr Sprachauffälligkeiten auszumachen, ist häufig nicht einfach. In Form von Schrei- und Babbelanalysen kann jedoch u. a. festgestellt werden, wie komplex Schreimelodien sind, anhand derer Rückschlüsse auf den zu erwartenden Spracherwerbsprozess gezogen werden können. So vermuten Forscher zum Beispiel, dass Säuglinge, die wenig komplexe Melodien äußern, im Alter von drei Jahren besonders häufig von Spracherwerbsverzögerungen betroffen sind (vgl. Hachul 2015, S. 81ff.).

Bei Kindern im Kindergartenalter lassen sich vorwiegend Aussprachestörungen feststellen, die sich unter anderem aus der Reduktion von Konsonantenverbindungen, dem Auslassen bzw. Verschlucken des letzten Konsonanten sowie der Vor-/Rückverlagerung einzelner Laute ergeben können. (vgl. Fox-Boyer 2014, S. 41ff.) Im Bereich des Grammatikerwerbs entstehen bei Kindern im Alter von 3 bis 5 Jahren vermehrt Probleme in der Satzbildung (Syntax). Insbesondere treten in der Verbzweitstellung sowie in der Produktion von Nebensätzen Fehler auf. Morphologische Symptome sind unter anderem in der Subjekt-Verb-Kongruenz sowie in den Bereichen Genus, Kasus, Numerus und Tempus anzutreffen. (Vgl. Thelen 2014, S. 55ff.) Lexikalische Symptome lassen sich relativ einfach in Form eines geringen Wortschatzes und einer häufigen Fehlbenennung von Gegenständen erkennen. (vgl. Glück & Elsing 2014, S. 73)

Die Schuleingangsphase ist häufig durch kindliche Wortfindungsstörungen gekennzeichnet. Sie können diese an dem Gebrauch sogenannter „Verzögerungslaute" wie äh und ähm gut erkennen. Hinzu kommen meistens noch Wiederholungen, Umformulierungen, Pausenfüller, Selbstkorrekturen und inhaltsleere Ersetzungen. Womöglich können dazu noch Symptome des „Dysgrammatismus" auftreten, die immer dann sichbar werden, wenn bei einer wachsenden syntaktischen Komplexität der Sprecher nicht in der Lage ist, Teile bzw. einzelne Wörter im Satz umzustellen. (Vgl. Beier & Siegmüller 2013, S. 79ff.) Unter dem Begriff „persistierende Sprachstörungen" ist eine andauernde Einschränkung zu verstehen, die sich bis hin ins Jugend- oder gar Erwachsenenalter ziehen kann. Studien haben jedoch gezeigt, dass die Hälfte der Kinder mit Sprachstörungen im Alter von 5-6 Jahren diese überwunden hat. (vgl. Kolonko & Seglias 2014, S. 79)

Sie verstehen sicherlich, dass dies nur ein kleiner Ausschnitt zum Thema Spracherwerbsstörungen ist. Bei Auffälligkeiten – auch wenn Sie sich zum Teil selbst wieder legen – sollten Sie aber in jedem Fall kinderärztlichen, logopädischen oder sprachtherapeutische Hilfe hinzuziehen.

4.2.3 Konsequenzen für die Sprachförderung

Die Spracherwerbsforschung geht davon aus, dass die Zusammenhänge zwischen nicht-sprachlichem und sprachlichem Wissen enorm sind und auch empirisch immer deutlicher werden. Das heißt zunächst, dass die emotionale Seite des Spracherwerbsprozesses, die Aufmerksamkeit durch die Bezugspersonen, in den Blick genommen werden muss.

Kinder brauchen Kommunikationspartner, damit sie Sprache erlernen. Diese Partner sollten emotionalisiert sein, beim Kind positive Gefühle auslösen und es mit Mimik und Gestik in seinem Gesprächsprozess unterstützen und ernst nehmen. Echte Anteilnahme ist gefragt – auch, wenn das Kind noch keine kohärenten Botschaften vermitteln kann, sondern nur mit Gesten und Lauten agiert.

Das heißt aber auch, dass Wissen über die Welt wesentlich zur Entwicklung sprachlicher Fähigkeiten beiträgt. Sprache und Wissen gehören zusammen. Gerade in didaktischen Kontexten, also bei der Förderung von Sprachfähigkeiten in Bildungsinstitutionen wie einer Kita, einer Bibliothek oder einer Familienbildungsstätte , sollte der Fokus unbedingt auf die gezielte Verbindung von Weltwissen und Sprache gelegt werden. Kinder sollen Wörter mit Bedeutung füllen können. Dass sich unsere Kinder bis ins Jugendalter damit vergleichsweise schwertun, zeigen immer wieder die Ergebnisse internationaler Leseleistungsstudien, die hier eine schwächere Fähigkeit deutscher Schülerinnen und Schüler feststellen, Texte mit Kontextwissen in Verbindung zu bringen.

Für die Sprachförderung gilt: Schon in den ersten zwei Jahren werden wesentliche Grundsteine für die gesamten sprachlichen und schriftsprachlichen Fähigkeiten der Kinder gelegt. So ist auf der Ebene des Wortschatzes eine frühe Förderung hilfreich, um auch die Grammatik entsprechend auszubauen. Gleichzeitig sollte die pragmatische Ebene gefördert und Eltern deutlich gemacht werden, welche Rolle Gespräche mit ihren Kindern spielen. Hier ist auch Vorlesen ein wichtiger Faktor, bei dem in der Anschlusskommunikation – anders als bei Hörkassetten oder DVDs – die wechselseitige Rollenübernahme geübt werden kann.

4.3 Vom Spracherwerb zum frühen Lesen und Schreiben

Die Modellierung des Lernens von Lesen und Schreiben unterscheidet sich wesentlich von den Erklärungshypothesen spracherwerbstheoretischer Natur. Im Gegensatz zur natürlichen Sprachentwicklung von Kindern, die bei ungestörten sprachsozialisatorischen Kontexten etwa im selben Zeitraum eine Variante muttersprachlicher Kompetenz erreichen (vgl. Quasthoff 2003, S. 108), bedarf es zur *Literalisierung* der strukturell inputreichen Einweisung. Sie wird gemeinhin im Anfangsunterricht der Grundschule vollzogen und soll dem Kind eine neue Art der Kulturalität sichern. Obwohl auch die Sprachentwicklung als Kontinuum angesehen werden muss (vgl. Oksaar 1998, S. 47), beginnt mit Abschluss des primären Spracherwerbs (ca. sieben Jahre) gemeinhin der Schriftspracherwerb, die Einweisung in das komplexe Symbolsystem Schrift und die spezifische Rezeptionshaltung des Lesens. Kinder eignen sich selbstständig das Schriftsystem in einem mehrjährigen Entwicklungsprozess an, bis sie breit an der (Schrift-)Kultur partizipieren können. Sie differenzieren dabei nicht nur ihr Sprach- und Kognitionssystem, sondern erlangen auf diese Art auch wichtige Werkzeuge zur Individuation.

Hier ist heute unbedingt zu berücksichtigen, dass in Familien viele Kinder aus anderen Kulturen und ggf. auch mit anderen Schriftsystemen aufwachsen. Diese unterscheiden sich oft völlig vom Deutschen – angefangen bei den Buchstaben, der Schreibrichtung, der Grammatik und Syntax.

Wenn Familien die Möglichkeit haben, diese anderen Sprachen zu fördern und fördern zu lassen, ist das unbedingt sinnvoll. Dass anfangs Vermischungen und Fehler bei der Verwendung des Deutschen auftauchen, ist erwartbar. Sprache und Identität gehören aber zusammen und aus den Erfahrungen mit mehreren Generationen u. a. türkischer, italienischer, griechischer, russischer und anderer Migrant*innen wissen wir heute, dass solche erweiterten Identitäten mit mehreren Sprachen möglich und eine Bereicherung – auch auf dem Arbeitsmarkt – sind. Respekt, Förderung und Mut zu machen, diese Kompetenzen einzusetzen, sollte pädagogisches Handeln kennzeichnen.

Pädagog*innen sollten den Erfahrungsaustausch ermöglichen und Informationen einholen können, z. B. über den Sprachstand in der Herkunftssprache oder den Sprachen an sich. Zur Stärkung der Reflexionskompetenz bieten sich auch Anregungen zum Vergleichen mit dem Deutschen an. Vor allem im Vorschulalter und in der Kita sollte man am Ausbau des alltagssprachlichen Wortschatzes arbeiten. Ein möglichst umfangreicher Wortschatz ist eine günstige Ausgangsbasis für die weitere Sprachentwicklung (schulische Alphabetisierung, Sprachreflexion etc.).

4.4 Spracherwerb und Medien

Medien sind beim Spracherwerb immer dabei – auch die mütterliche Interaktion mit dem Kind kann als „mediale Interaktion" mit „primären Medien" bezeichnet werden. Lesen Sie dazu unsere Basismodul. Es ist wichtig, dass das Kind Symbolisierungen sowie die Rekodierung und Dekodierungen als Grundkonstante der Sprachlichkeit erfährt und dazu möglichst viele Anregungen bekommt. Dabei ist nicht nur der Input wichtig, sondern v. a. die Verarbeitung und Reaktion darauf.

Kommunikation mit und über Medien, individuell angepasst, bereitet die Kinder am besten auf ein Leben in der digital-mediatisierten Welt vor. Eltern sollten für Kinder keinen besonderen „Schonraum" schaffen müssen, aber schon die Vorbildhaftigkeit ihrer eigenen Mediennutzung reflektieren. Direkte Kommunikation ist wichtig, wenn Kinder Medien genutzt haben. Man sollte teilhaben an dem, was man medial anbietet und erlaubt.

Hörmedien sind in der frühen Kindheit meist der Einstieg in die „technische" Medienwelt. Sie können das Vorlesen sinnvoll ergänzen, weil hier ein gutes Wortschatzangebot präsentiert wird. Im mehrsprachigen Kontext profitieren hier beim gemeinsamen Hören oft mehrere Generationen. Das Internet und hier v. a. portable Medien wie Tablets bieten für Kinder „Bücher digital" an. Sogenannte „Boardstories" können Lesen und Hören verbinden. Qualitätsempfehlungen dazu gibt es bei der Stiftung Lesen. Gute TV-Sendungen und Filme, z. B. auf DVDs, vermitteln vielfältiges Weltwissen, dass wichtig ist für die Wortschatzentwicklung. Und natürlich gibt es auch geeignete Computerspiele und Apps, die die Kinder auch selbst zu Produzierenden werden lassen – vieles ging und geht auch immer noch mit alten Medien, wie dem Kassettenrekorder. Die eigene Stimme aufnehmen und anhören ist eine wichtige Übung, um sich selbst beobachten zu lernen. Inhalt, Zeitfenster und weitere kommunikative Begleitung sind darüber hinaus die zentralen Kriterien, die bei Medienempfehlungen immer mit berücksichtigt werden müssen. Wir kommen darauf in unserem Kapitel zu Medien und Erziehung „Erziehungskompetenz" zurück.

4.5 Was heisst das für die Praxis?

Wieder eine Aufgabe für Professionelle:

Welche Sprachen werden bei Ihnen in den Einrichtungen gesprochen? Welche in Ihren Kursen? Unterhalten Sie sich mit Eltern und Kindern/Jugendlichen, wie sie mit ihren Sprachen umgehen, wie sie sie erworben haben, wann sie sie nutzen und wie sie sie pflegen. Schreiben Sie dazu einen kleinen Bericht oder produzieren Sie gemeinsam eine Audio-Datei, in der Sie auf die o. a. Aspekte eingehen. Sie müssen aber dabei die Anonymität der Teilnehmenden wahren und ihr Einverständnis einholen.

Besprechen Sie auch, welche Rolle Medien dabei spielen: angefangen von der Spieluhr, über das Vorlesen und den Büchereiausweis, Hörbücher und -kassetten und das E-Book, iPad bis hin zum Computer.

Motivieren Sie gemeinsame Sprachaufnahmen, die man hinterher anhört!

Wertschätzen Sie die Vielfalt und Kompetenzen! Sie sind keine Sprachlehrkräfte, sondern Sie betrachten Sprache im Kontext von Pädagogik und Sozialarbeit.

Kooperieren Sie mit der örtlichen Stadtbücherei. Und finden Sie heraus, welche Bedürfnisse Ihr Klientel zum Thema Sprache hat.

4.6 Literatur

Ahrenholz, Bernt & Knapp, Werner. 2010. *Sprachstand erheben – Sprachstand erforschen*. Stuttgart: Fillibach bei Klett.

Beier, Judith & Siegmüller, Julia. 2013. Kindliche Wortfindungsstörungen. In Ringmann, Svenja & Siegmüller, Julia (Hrsg.), *Handbuch Spracherwerb und Sprachentwicklungsstörungen – Schuleingangsphase*. München: Urban & Fischer, S. 79-102.

Bos, Wilfried, Tarelli, Irmela, Bremerich-Vos, Albert & Schwippert, Knut (Hrsg.). 2012. *IGLU 2011. Lesekompetenz von Grundschulkindern in Deutschland im internationalen Vergleich*. Münster: Waxmann.

Fox-Boyer, Annette. 2014. Aussprachestörungen im Deutschen. In Fox-Boyer, Annette (Hrsg.), *Handbuch Spracherwerb und Sprachentwicklungsstörungen – Kindergartenphase*. München: Urban & Fischer, S. 41-54.

Glück, Christian W. & Elsing, Caroline. 2014. Gestörte Lexikonentwicklung. In Fox-Boyer, Annette (Hrsg.), *Handbuch Spracherwerb und Sprachentwicklungsstörungen – Kindergartenphase*. München: Urban & Fischer, S.73-85.

Grießhaber, Wilhelm. 2013. *Spracherwerbsprozesse in Erst-und Zweitsprache. Eine Einführung*. Duisburg: Universitätsverlag Rhein-Ruhr.

Hachul, Claudia. 2015. Frühe Auffälligkeiten der Sprachentwicklung. In Sachse, Steffi (Hrsg.). *Handbuch Spracherwerb und Sprachentwicklungsstörungen – Kleinkindphase*. München: Urban & Fischer, S. 81-99.

Kolonko, Beate & Seglias, Tonia. 2014. Jugendliche mit Spracherwerbsstörungen – empirische Befunde und individuelle Profile. In Ringmann, Svenja & Siegmüller, Julia (Hrsg.), *Handbuch Spracherwerb und Sprachentwicklungsstörungen – Jugend- und Erwachsenenalter*. München: Urban & Fischer, S. 79-94.

Lang, Barbara. 2010. Sprache erwerben. In Frederking, Volker, Huneke, Hans-Werner, Krommer, Axel & Meier, Christel (Hrsg.), *Taschenbuch des Deutschunterrichts. Bd. 1: Sprach- und Mediendidaktik*. Baltmannsweiler: Schneider Verlag Hohengehren, S. 34-71.

Leimbrink, Kerstin. 2010. *Kommunikation von Anfang an. Die Entwicklung von Sprache in den ersten Lebensmonaten*. Tübingen: Stauffenburg Verlag.

Marci-Boehncke, Gudrun & Weise, Marion. 2015. Frühe Kindheit. In von Gross, Friederike, Meister, Dorothee M. & Sander, Uwe (Hrsg.), *Medienpädagogik – ein Überblick*. Beltz Juventa: Weinheim, S. 98-135.

Oksaar, Els. 1977. *Spracherwerb im Vorschulalter. Einführung in die Pädolinguistik.* Stuttgart: Kohlhammer.

Oksaar, Els. 1998. Spracherwerb des Kindes. Psycho- und pädolinguistische Aspekte. In Lange, Günter, Neumann, Karl & Ziesenis, Werner (Hrsg.), *Taschenbuch des Deutschunterrichts. Grundfragen und Praxis der Sprach- und Literaturdidaktik. Band 1: Grundlagen – Sprachdidaktik – Mediendidaktik.* 6. Vollständig überarbeitete Auflage. Baltmannsweiler: Schneider Verlag Hohengehren. S. 39-58.

Quasthoff, Uta. 2003. Entwicklung mündlicher Fähigkeiten. In Bredel, Ursula, Günther, Hartmut, Klotz, Peter & Siebert-Ott, Gesa (Hrsg.), *Didaktik der deutschen Sprache. Ein Handbuch. Band 1.* Paderborn: Ferdinand Schöningh, S. 107-121.

Ruberg, Tobias & Rothweiler, Monika. 2012. *Spracherwerb und Sprachförderung in der KiTa.* Stuttgart: Kohlhammer.

Ruberg, Tobias, Rothweiler, Monika & Koch-Jensen, Levka. 2013. *Spracherwerb und sprachliche Bildung. Lern- und Arbeitsbuch für sozialpädagogische Berufe.* Köln: Bildungsverlag EINS.

Siegmüller, Julia. 2013. Kompensierter Dysgrammatismus. In Ringmann, Svenja & Siegmüller, Julia (Hrsg.), *Handbuch Spracherwerb und Sprachentwicklungsstörungen – Schuleingangsphase.* München: Urban & Fischer, S. 103-132.

Thelen, Katrin. 2014. Störungen der Grammatik zwischen 3;0 und 5;0 Jahren. In Fox-Boyer, Annette (Hrsg.), *Handbuch Spracherwerb und Sprachentwicklungsstörungen – Kindergartenphase.* München: Urban & Fischer, S. 55-72.

Wygotski, Lev Semyonovich 1969. *Denken und Sprechen. Psychologische Untersuchungen.* Frankfurt am Main: Fischer.

5. Modul „Umgang mit digitalen Medien“

5.1 Was Sie in dieser Lerneinheit erwartet

Diese Lerneinheit stellt Ihnen digitale Medien in großer Breite vor. Zunächst erfahren Sie einige wenige grundlegende Details zur technischen Seite digitaler Medien, ihre besondere Effizienz bei der Integration anderer, sogenannter „analoger“ Medien in einem digitalen Gerät sowie zum Internet, das die Digitalität als Vernetzung in Echtzeit über unsere konkreten Geräte hinaus nutzbar macht. Wir beschäftigen uns auch mit den neuen Möglichkeiten digitaler Geräte, die durch die Verwendung künstlicher Intelligenz (KI oder AI) entstehen. Sie werden unsere Gesellschaft mindestens so stark verändern, wie dies seit 2000 durch die Etablierung des Web.2.0 geschehen ist. Hier ergeben sich auch für die Familienbildung vielfältige Folgen.

Daran anschließend werden Ihnen digitale Handlungspraxen vorgestellt. Was wissen wir heute über die Weise des Umgangs mit digitalen Medien

- von Kindern und
- Jugendlichen
- sowie von Menschen mit Behinderungen?

Daran anschließend wenden wir uns den Bildungsinstitutionen Kita, Grundschule, weiterführende Schule und Universität sowie der Familie und der Familienbildung zu.

5.2 Medienumgang – Angebot und Nachfrage

Medienumgang meint die Art und Weise, wie Menschen Medien für sich nutzen. Dabei ist nicht notwendigerweise die Planung der Medienmacher maßgebend. Selbst wenn ein bestimmtes technisches Medium existiert, entscheiden über seine Verbreitung, seinen ökonomischen Erfolg und letztlich sogar seine konkrete Nutzung – die konkreten Nutzer*innen.

Es lassen sich viele Medien nennen, die nicht sofort von der potenziellen Zielgruppe „angenommen" und verwendet wurden. Manchmal dauerte es einfach nur etwas länger, bis sich der Erfolg einstellte. Manchmal wurde das Medium einfach sang- und klanglos wieder eingestellt – es hatte sich nicht durchgesetzt.

Ein Beispiel für den ersten Fall stellt die Druckerpresse da. Der Buchdruck mit beweglichen Lettern, um 1450 von Johannes Gensfleisch, genannt Gutenberg, in Mainz erfunden, setzte sich auf breiterer Basis erst über hundert Jahre später durch und erst im 19. Jahrhundert war die Lesekundigkeit so groß, dass man von einem Volksmedium Buch sprechen kann. Der Buchdruck war aber als „frühes Medium" die Voraussetzung für eine breite und dann ab 1910 hundertprozentige Lesekundigkeit der Menschen in Deutschland – mit anderen Worten: ohne Buchdruck keine allgemeine Lesefähigkeit. Übrigens war es die Zeitung – also ein mediales Format, für das es dann gesellschaftliche Interessen gab –, die wesentlich dafür verantwortlich war, dass man schneller, ja täglich, neue Druckerzeugnisse bekommen wollte. Vor allem der auflebende Handel forcierte mit entsprechender Nachfrage diese Entwicklung. Hier gehen also wieder technische Entwicklung und soziale Interessen Hand in Hand.

Ein Beispiel für den zweiten Fall ist der Bildschirmtext Btx, eine erster Online-Dienst auf Telefonbasis. Im öffentlichen Raum fand man ab 1983 Bildschirmtext-Terminals, aber Erfolg war diesem Medium nie beschieden. Mit dem Erfolg des Internets ab 1990 verschwand Btx. Er war zu früh gekommen und dann, als die Zielgruppe bereit war, schon zu unflexibel gegenüber der Konkurrenz.

Manchmal braucht es eine Zeit, bis die Gesellschaft eine sinnvolle Nutzung der neuen Medientechnologie erkennt. Das ist nicht immer die, die von der Entwicklung ursprünglich anvisiert worden ist. Rezeptive und produktive Kompetenzen gehören letztendlich immer zusammen – und die Flexibilität, sich auf immer neue Techniken einzulassen, ohne die Basiskompetenzen zu vernachlässigen. Es geht immer um das Verständigen in einer „Sprache" – gehört, gesprochen, geschrieben, gelesen.

5.3 Digitalität

5.3.1 Digitalisierung

Digitalisierung ist inzwischen ein gängiger Ausdruck. Er bezeichnet umgangssprachlich den Sachverhalt, dass wir heute große Mengen an Informationen praktisch verlust- und störungsfrei übertragen, speichern und wieder nutzen können. Diese digitalen Signale werden in ihrer Basissprache mit den Zahlen Null „0" und Eins „1" ausgedrückt. Damit soll gesagt werden, dass die Digitalisierung dazu führt, dass Information, z. B. ein Ton, aus einem kontinuierlichen Zustand („analog"), wie ihn eine Schallplatte aufzeichnet, in einen „digitalen" Zustand übersetzt wird, der aus eindeutig voneinander unterscheidbaren Werten wie 0 und 1 besteht. Eins steht für einen Stromimpuls, die Null verdeutlicht, dass kein Strom fließt. Jede 0 und jede 1 ist dabei technisch gesehen ein *Bit*, acht Bits ergeben zusammen ein *Byte*, die kleinste Informationseinheit in digitalen Geräten. Ein Megabyte MB sind eine Million Byte und ein Gigabyte GB sind eintausend MB, also eine Milliarde Byte!

„Information" ist dabei ganz allgemein gemeint. Alles, was wir sagen, hören, betrachten und medial bearbeiten, kann technisch als Information angesehen werden. Wenn wir hier also von „Information" sprechen, so meinen wir nicht sachliche Nachrichten, sondern alles, was über, in und mit einem Medium angeboten und genutzt werden kann.

Die genaue Technik, die hinter der Digitalisierung steht, soll hier jetzt nicht interessieren. Für uns interessant ist aber, dass mit der Digitalisierung ganz unterschiedliche analoge Informationen – Töne, Wörter, Texte, Bilder – in einheitlich digitale Informationen übersetzt werden können. Die vielfältigen analogen Informationen, die uns umgeben, die wir registrieren und auch selbst hervorbringen, können damit in einer gemeinsamen „Sprache", in „Nullen" und „Einsen", ausgedrückt, miteinander verbunden und schnell und verlustfrei kopiert und transportiert werden.

Der Ausdruck *Digitalität* hingegen meint nicht so sehr eine Technik, sondern die zunehmende Ausdehnung der Digitaltechnik auf alle Lebensbereiche. Fast jedes moderne Gerät arbeitet digital – Unterhaltungsmedien, Computer, Handy und Smartphone, aber auch Haushaltsgeräte. In der öffentlichen Diskussion wird diese umfassende Verwendung zurückgeführt auf die praktischen Folgen der Digitalisierung, eben Informationen praktisch verlust- und störungsfrei übertragen, speichern und wieder nutzen zu können. Wenn wir heute einen Text aufschreiben und wollen ihn dann an andere weitergeben, so müssen wir ihn nicht mehr mühsam abschreiben wie noch zu Zeiten der Schreibmaschine. Vielmehr schreiben wir den Text schon digital am Computer und können ihn dann kopieren, versenden oder auch in analoge Informationen übersetzen lassen – indem wir ihn auf Papier ausdrucken.

Diese praktische Universalsprache *Digitalität* erlaubt also rasche Informationssuche und Informationsnutzung. Zugleich erspart uns Digitalität viel Aufwand. Denn durch die digitale Speicherung müssen wir nicht mehr die „analogen" Träger der Informationen benutzen, mit uns herumtragen oder transportieren lassen. Heute gibt es neben dem Buch (das auch analog noch seinen Reiz hat) auch digitale „Bücher", die elektronischen Bücher oder *E-Books*, in denen die Langtexte der analogen Bücher digital gespeichert sind. Ein E-Book mit 32 Gigabyte Speicherplatz speichert rund 20.000 Bücher und hat darüber hinaus noch die Möglichkeit, auf externe Datenbanken zurückzugreifen und in der Cloud zu speichern. Man kann auf diese Weise auf schier unbegrenzte Buchmengen zurückgreifen: die Nationalbibliothek im Pocket-Format. E-Books bieten darüber hinaus zusätzliche Funktionen wie die stufenlose Vergrößerung der Schrift und diverse auch inhaltliche Hilfsfunktionen, sind somit inklusiv für verschiedene Lesebedürfnisse und Schwierigkeiten.

Vergleichbare Vereinfachung haben wir bei Musik (keine CDs, Schallplatten oder Kassetten mehr). Und digitale Geräte erlauben uns auch eine vereinfachte eigene Produktion: Fotografieren ohne Rollfilme, Tonaufzeichnungen ohne Tonbandgerät oder Kassettenrekorder oder Schreiben ohne Schreibmaschine. Heute braucht es auch keine differenzierten Geräte für diese Medienformen mehr. Mit dem Smartphone oder Tablet kann man konvergent alle Funktionen und vormals distinkten Medialitäten nutzen – produktiv und rezeptiv. Das ist auch für Kinder und Jugendliche eine gigantische Spielwiese.

Die digitale Verschränkung verschiedener Medienformen führt zu einer für jede Person nutzbare Bedienmöglichkeit: Sprechen, Schreiben, Hören, Lesen – die Überführung von gesprochener Sprache in Schrifttext und umgekehrt, Untertitel und Audiodeskriptionen für hör- und sehbeeinträchtigte Menschen – diese Funktionen finden sich alle standardmäßig in den modernen Smartgeräten und schaffen damit ein sogenanntes *Universal Design*, das barrierearme Nutzung für alle ermöglicht. Allein diese Möglichkeit, die gleichen Geräte zu nutzen, schafft Inklusion.

Zugleich ist die Nutzung der modernen mobilen Medien wie Smartphone und Tablet durch Kinder und Jugendliche aber eine Herausforderung für die Familien. Wo liegen die Gefahren (finanziell ebenso wie psychisch oder sozial), wo die Chancen (kommunikativ ebenso wie bildungsbezogen)? Zudem ändern sich die Möglichkeiten, Nutzungsformen und Bedarfe der Kinder und Jugendlichen mit dem Entwicklungsstand. Die familiäre Erziehungsaufgabe endet nicht, sie ändert sich nur mit dem Lebensalter (Eggert & Wagner 2016). Und gelingende Medienerziehung heißt immer auch die Chance zu realisieren, durch Mediennutzung die gesellschaftliche Teilhabe der heranwachsenden Generation zu verbessern (Schlör 2022).

5.3.2 Internet

Die Übersetzung von analogen Informationen in digitale Einsen und Nullen nimmt uns aber nicht nur praktische Mühen ab, sondern sie beschleunigen unser Leben ungemein. Vor allem unsere Kommunikation ist digital selbst bei großen Entfernungen eine „Echtzeit"-Unterhaltung. Darüber hinaus kann man die Kommunikation unterschiedlich gestalten, auditiv, schriftlich oder durch Zeichen, Symbole und Fotos. Wer ein Smartphone nutzt, kann digital telefonieren, aber auch schreiben oder schreiben lassen (über SMS, Messenger-Plattformen oder E-Mail), dabei neben Buchstaben auch andere Zeichen und Symbole verwenden (Emoticons oder „Smileys"), eben erst digital aufgenommene Fotos versenden oder „Sprachnachrichten", also Sprachaufnahmen, die von den Empfangenden dann abgehört werden können, wenn diese dazu Zeit haben. Damit wird Kommunikation nicht nur schneller, sondern auch variabler – der Versand geht unvergleichlich schnell, die Information erreicht den Zielort, muss aber nicht gleich „entgegengenommen" werden.

Dieser rasche Austausch oder die rasche Suche von Informationen wäre ohne das *Internet* nicht denkbar. Die heutige junge Elterngeneration kennt schon keine Zeit mehr ohne diese Technik. Das Inter-Network, also ein umfassendes elektronisches Netzwerk, hat seine Anfänge in der 1960er Jahren, ab 1989 wurde es breit zugänglich durch das WWW World Wide Web, eine Netzstruktur, die wir weltweit durch Web-Browser nutzen können.

Auch das Internet braucht Digitalität, treibt die Entwicklung digitaler Anwendungen aber zusätzlich weiter, weil durch die Vernetzung der vielen Internet-*User* oder Nutzer*innen viele Informationen überhaupt erst zur Verfügung stehen. Vor allem für jüngere Nutzer*innen ist es z. B. selbstverständlich, bei praktischen Problemen nicht mehr nach irgendwelchen Gebrauchsanweisungen oder Ratgebern zu suchen, sondern das Problem einfach z. B. auf der Video-Plattform *Youtube* einzugeben. Mehr als 32,7 Milliarden Menschen nutzten zwischen April 2019 und April 2023 diese Plattform und laden pro Minute (!) rund 500 Stunden Videomaterial auf diese Plattform (Meltwater 2022). Das entspricht täglich rund 30.000 Stunden an Inhalten. Dort findet sich für fast jedes Problem ein Lösungsvorschlag – bei dem man auch noch zuschauen kann.

Besonders nachhaltig hat diese Technik die Teilhabemöglichkeit an medialer Produktion verändert. War früher das wie auch immer medial gestaltete Publizieren wirtschaftlich arbeitenden Institutionen, Verlagen, TV-und Rundfunkanstalten, Produktionsfirmen, Konzernen vorbehalten, kann heute jede Person mit einem Netzzugang eigene Medienprodukte weltweit veröffentlichen. Im Hinblick auf eine demokratische Beteiligung vieler Menschen ist das ein großer Gewinn, so kann auch sehr viel Kreativität entdeckt und genutzt werden – unabhängig von finanziellen oder ideologischen Schranken.

Aber jede Entwicklung hat auch eine andere Seite:

5.3.3 Der „Preis" digitaler Medien

Die bisherigen Ausführungen haben gezeigt, welche praktischen Vorteile digitale Geräte, digitale Medien und das Internet haben. Die verschiedenen z.T. sehr schwerfälligen und komplizierten analogen Medien werden durch die Digitalisierung in ein digitales Medium *integriert*. Und diese Medien werden immer kleiner. Man kann sie als Armbanduhr mit sich herumtragen. Dennoch werden auch Bedenken laut. Jeder positive Effekt hat einen Preis.

Zunächst einmal erkaufen wir diese Integration der vielfältigen Medien in ein Medium durch eine hohe Netz-Abhängigkeit – die Abhängigkeit vom Stromnetz und die Abhängigkeit vom Internet. Zwar können wir mit Akkus und Batterien die Stromabhängigkeit etwas hinauszögern, aber sie ist vorhanden. Und dass Energie knapp werden können, erfahren wir in Krisenzeiten deutlich. Das gedruckte Buch oder die Zeitung kommen zumindest in der Endrezeption ohne aus. Nicht aber in der Herstellung und in der Distribution. Nun gilt dies aber nur für *sekundäre* Medien, wie dies Harry Pross genannt hat (siehe Basismodul). Schon *tertiäre* analoge Medien wie Plattenspieler oder Radiogerät brauchen auch Strom. *Quartäre* Medien aber sind ohne Strom und Internet nicht denkbar. Transportwesen, Wasserversorgung, das Gesundheitswesen, die Verwaltung – jegliche Infrastruktur ist heute von Strom und vom Internet abhängig – und damit auch angreifbar.

Darüber hinaus ist ein bedenkenswerter Preis der Digitalisierung der Verlust der spezifischen Eigenschaften von Medien. Wir können auf unseren inzwischen auf Taschenuhrformat geschrumpften Computern die unterschiedlichsten medialen Angebote nutzen, aber eben immer nur im digitalen Gewand (Rath 2003). Die Besonderheiten von Print-Produkten, z. B. das Gefühl von Papier und der Geruch der Druckerschwärze, geht natürlich auf dem E-Book oder im Smartphone verloren. Ebenso ist ein Film, im Kino genossen, etwas anderes als auf dem Tablet oder dem PC-Bildschirm. Es ist eine Frage des individuellen Geschmacks, was an einem „typischen“ Medium besonders wertvoll ist und was nicht. Denn digitale Medien imitieren nur die Eigenschaften der analogen Medien, eben durch die Übersetzung der analogen Informationen in digitale. Und keineswegs alle Eigenschaften: Das E-Book riecht anders und fühlt sich anders an als analoge Bücher. Die Zeitung ist auf dem Tablet zwar auch gut beim Frühstück zu lesen, aber eine gängige familiale Praxis, die Zeitung unter den Familienmitgliedern beim Frühstück aufzuteilen, klappt bei der Onlinefassung nur schwer – also geht mit der Zeitung am Tablet eine Form familialer gemeinsamer Medienpraxis verloren. Und schließlich ist die Online-Zeitung nicht in jeder Hinsicht gleich nützlich ;-) https://youtu.be/eV_eMSb_UsY

Daher wird dieser Verlust analoger Medien ab und an auch beklagt. Die ständige Zugänglichkeit und Erreichbarkeit erscheint vielen als zweischneidig – was immer geht, wird irgendwann zur Erwartung. Die rasche Suche in Echtzeit nach den richtigen Informationen und die Bereitschaft, sich jederzeit überall stören zu lassen, wird zur Norm. Und diese normative Erwartung am Arbeitsplatz, aber auch im Privatleben, kann sich zum Dauerstress entwickeln, denen Menschen z. T. hilflos ausgeliefert sind (Reinecke u. a. 2017). Hier wird deutlich, dass Medien nicht nur ein technisches Wissen brauchen, sondern auch eine differenzierte *Medienkompetenz*, die uns erlaubt, Folgen und Vorteile medialer Angebote abzuwägen (siehe Modul Erziehungskompetenz).

Außerdem ermöglicht die leichte Möglichkeit der Eigenpublikation – so positiv sie grundsätzlich im Hinblick auf die demokratische Beteiligung ist – auch die Entstehung von Fake News. Wenn alles ins Netz kommen kann, kommen auch Falschmeldungen ungefiltert dort hin. Und obwohl es sicher zu vielen Themen mindestens zwei Meinungen gibt, bedeutet das nicht, dass alles Wahrheit ist. Das Aufleben von

Verschwörungstheorien haben wir seit der Corona-Pandemie vielfach erfahren. Und die neuen künstlichen Intelligenzen begünstigen solche Veröffentlichungen noch – denn eine KI allein hat keine Intention, ist aber in der Lage, alles perfekt zu gestalten: Bilder nach Belieben im Stil beliebiger Maler*innen zu erstellen, Fotos zu manipulieren – wir erinnern uns an den Papst in weißer Daunenjacke. Ein manipuliertes Interview mit Klitschko täuschte deutsche Politiker*innen. Die Folgen im Privaten mögen lustig sein – weltpolitisch ist diese Entwicklung sehr gefährlich (www.zdf.de/nachrichten/digitales/papst-daunenjacke-fake-ki-kuenstliche-intelligenz-100.html).

Neben diesem Verlust an medienspezifischen Eigenschaften und die Überforderung durch die Allgegenwart digitaler Online-Medien formuliert sich in den letzten Jahren auch die Sorge, dass sich diese digitalen, häufig computergesteuerten Geräte „irgendwann irgendwie" verselbstständigen. Die Entwicklung in diesem Bereich gingen in den letzten Jahre rasant, Mit *Siri* und *Alexa* und ihren „Verwandten" habe viele Familien solche Assistenzsysteme heute selbstverständlich in ihr Leben integriert. Smarthome steuert auf Befehl unseren heimischen Haushalt, vom Herd bis zur Beleuchtung – vorprogrammiert oder live gesprochen. Und Kinder kommandieren diese Servicegeräte immer souveräner mit herum. Hat das Folgen? Ja. Und zwar in verschiedene Richtungen. Ganz unmittelbar die Frage: Wissen wir immer, was Kinder genau mit *Alexa* machen? Und wissen wir immer genau, was *Alexa* mitbekommt? Denn diese Systeme sammeln auch Daten. Sie bekommen mit, was in unseren Familien vor sich geht, sie sind eine Schleuse ins Internet – und zwar in beide Richtungen. Vor wenigen Jahren gab es mal den Versuch mit einer Puppe, *Cayla* (www.sueddeutsche.de/digital/verbotenes-spielzeug-so-spioniert-die-puppe-cayla-kinder-aus-1.3383387), die dann 2017 von der Bundesnetzagentur verboten wurde, weil sie in der Kommunikation mit dem Kind heimlich Daten gesammelt und illegal weitergegeben hat. Das machen heute digitale Sprachassistenten ganz legal. Hier wird ermittelt, wer spricht, welche Seiten angesteuert werden und einiges mehr. Das kann man zum Teil ablehnen – aber die Leistungsfähigkeit der Geräte funktioniert eben mit einer Drehtür. Und dann gibt es noch eine Folge, über die inzwischen auch geforscht wird (vgl. Szczuka u. a. 2021): Wie sprechen Kinder mit digitalen Sprachassistenten?

Einerseits wird hier darauf hingewiesen, dass Kinder zu Anthropomorphisierungen neigen, also zur „Vermenschlichung" unbelebter oder „tierischer" Entitäten. Erst allmählich beginnen sie in der Kommunikation mit den Assistenzsystemen nicht mehr menschlich-sozial zu sprechen. Dies wird zunächst als Kompetenz verstanden (ebd., S. 18f.). Aber auch diese Entwicklung hat eine Kehrseite:

Wie verändern wir uns, verändert sich unsere Sprache, wenn wir digitale „Dienstboten“ haben? Im Befehlston mit einer Maschine zu sprechen, ist ja irgendwie egal. Aber wie lange? Was, wenn die KIs immer komplexer werden und immer mehr können? (Und das werden sie.) Und welche Auswirkungen hat der Befehlston, den man einübt, für die Kommunikation mit anderen, die keine Maschinen sind?

Die Maschinen reagieren anders als Haustiere. Sie nutzen unsere Sprache, sie erkennen sogar unsere Gefühle, wenn wir lange genug mit ihnen „leben“. Irgendwie bereitet es Unwohlsein um uns, um unseres eigenen Menschseins willen, wenn man kommunikativ den Eindruck erhält, dass es keine Grenzen mehr gibt. Beleidigungen, Befehle – das sind kommunikative Akte, die wir im menschlichen Miteinander nicht wollen. Was passiert, wenn wir sie in der Alltagskommunikation mit Maschinen wieder selbstverständlich aus- und somit auch einüben? Noch bevor wir die Frage diskutieren, ob Künstliche Intelligenz irgendwann einen Personenstatus haben könnte, weist uns die philosophische Tradition hier einen interessanten Gedanken auf: Der deutsche Philosoph Immanuel Kant schreibt in seinem Werk *Metaphysik der Sitten* (1797, S. 442-443) über die Frage, ob es eine Pflicht gäbe, Tiere nicht zu quälen. Obwohl zu seiner Zeit Tiere als Dinge galten, die unserem Handeln ausgeliefert sind, spricht er sich gegen grausame Behandlung aus – und zwar als „Pflicht des Menschen gegen sich selbst“. „In Ansehung der Tiere“, wie er schreibt, müssen wir Grausamkeit vermeiden, weil wir Gefahr laufen, dann „abgestumpft“ zu werden. Diese Abstumpfung würde aber unserem Umgang mit anderen Menschen schaden. Es liegt nahe, diese kluge Überlegung auch auf digitale Kommunikationspartner zu übertragen. Wer mit *Alexa* und Co. grob und rüde kommuniziert, verliert – gerade weil solche digitalen Sprachsysteme so menschenähnlich kommunizieren – das Gefühl für angemessene Kommunikation auch mit menschlichen Kommunikator*innen.

Alexa beleidigen stumpft ab. Wir bringen Kindern bei, eine Würde von Tieren zu achten. Dann sollten Kinder auch lernen, *Alexa* zu achten – nicht notwendiger Weise als Personen, aber als Kommunikationssysteme, an denen wir auch lernen, wie man überhaupt kommunizieren sollte.

Wenn wir bei einer rüden Ansprache an *Alexa* und Co. keine Sorgen mehr um die kommunikativen Folgen für Kinder haben, brauchen wir uns auch keine Gedanken mehr um einen möglicherweise schädlichen Einfluss von „Ballerspielen" zu machen. Es ist alles ein schmaler Grat.

Auch hier gilt wie im Hinblick auf die Überforderung, die Digitalisierung wird so gut sein, wie wir, die Menschen, sie nutzen. Heute kann Künstliche Intelligenz noch recht wenig, das aber mit erstaunlicher Effizienz und es wird immer mehr. Insofern ist sie ein beeindruckendes Instrument, das den Menschen das Leben einfacher machen kann. Aber sie fordert den Menschen auch heraus zu definieren, was ihm für sein Menschsein wichtig ist und welche Grenzen wir möchten – für unsere Daten und für unser Verhalten.

Im kleinen Miteinander der Familie geht es hingegen um andere Fragen: Wer nutzt welche Medien wie, in welchen Abständen, mit welchen Absichten – und inwieweit nimmt er oder sie dabei Rücksicht auf andere Menschen in und außerhalb der Familie? Auch bedenkenswert ist der Umgang mit eigenen Daten und den Daten und der Privatsphäre anderer Menschen. Smart-Home-Computer erleichtern viel – aber sie können dies nur, weil wir ihnen – und damit den hinter den Maschinen stehenden Konzernen – Daten liefern. Daten über unsere Lebensbedingungen sind für Unternehmen die höchste Währung.

Durch den Einsatz digitaler Medien wird sich die Praxis des Umgangs mit Medien ändern. Wir können viel mehr kommunizieren, wir können viel mehr konsumieren, wir können viel mehr selbst medial produzieren. Und wie oft im Leben lautet die Aufgabe, aus den Möglichkeiten keinen Fesseln werden zu lassen. Souveräner Medienumgang ist freier und rücksichtsvoller Medienumgang.

Wir möchten aber nicht bei den Warnungen stehen bleiben – denn KI wird unser Leben in vielen Bereichen verbessern, wir haben die Chance, menschliche „Ungerechtigkeiten" und Unvollkommenheiten zu verringern. Aber dadurch werden neue, andere entstehen. Was wir auf jeden Fall brauchen, sind möglichst viele Menschen, die sich mit dieser neuen Sprache auskennen. Denn nur die Gesellschaft ist ein Schutz dagegen, dass einige wenige nachhaltig und unerkannt manipulieren. Vorsicht bei der eigenen Datenweitergabe ist wichtig – sicher. Und Hilfe dazu bieten Datenschutzverordnungen. Aber wir sollten trotzdem in den Kompetenzen international anschlussfähig bleiben. Dazu gehört, dass wir unsere Kinder in dieser neuen Sprache mit ausbilden. Diese Chance besteht schon früh. Und sie kann Interessen von Jungen (an Zahlen und Algorithmen (= Handlungsanweisungen)) und Mädchen (Sprache und Geschichten) zusammenbringen. Kompetenzen der digitalen Welt bleiben also nicht mehr nur auf der Anwendungsperspektive stehen (Wie nutze ich das?) und auch nicht nur bei einer gesellschaftlichen Perspektive (Wie wirkt das?), sondern sie fordern mehr Wissen und Können in der technologischen Perspektive (Wie funktioniert das?), weil dabei nicht nur Physik und Maschinenbau gefragt sind (wie bei den „alten Medien“, vgl. dazu Brinda u. a. 2020), sondern eine neue „Sprache“ gebraucht wird. Diese zu vermitteln, sind heute auch noch nicht alle jungen Eltern kompetent genug – auch wenn sie mit den Digitalgeräten auf der Nutzeroberfläche gut umgehen können. Coding – eine spielerische Programmiermöglichkeit – ist ein erster Anfang, diese Kompetenzen zu erlernen. Kindgerechte Roboter mit unterschiedlichen Komplexitätsgraden – die kostenfrei etwa in Workshops vieler Öffentlicher Bibliotheken kennengelernt werden können – bieten hier einen sinnvollen Einstieg. Für zu Hause bietet sich auch die Plattform https://code.org an.

5.3.4 Darknet – das fremde Land

Nur am Rand soll hier ein Phänomen zumindest erwähnt werden, dass für viele Eltern, aber auch für manche Betreuerinnen und Betreuer ein unbekanntes Land darstellt. Es ist das sogenannte *Deep Web*, das *Tiefe Netz*, bzw. das *Darknet*, also das *Dunkle Netz*. Beide Begriffe beziehen sich auf Inhalte des Internets, die nicht über das WWW erreichbar sind und auch über Suchmaschinen nicht gefunden werden können. Um sich eine Vorstellung zu machen, worüber man hier spricht: das *Deep Web* soll etwa 550 mal größer als das offene, über Suchmaschinen erreichbare Netz sein – diese Zahl aus dem Jahr 2006, die wahrscheinlich inzwischen zu niedrig gegriffen ist (Kottkamp 2006). Das Bundesamt für Sicherheit in der Informationstechnik (BSI) spricht heute davon, dass das Deep Web etwa 90 % des gesamten Internets ausmacht – unser gängiges Internet also nur 10 % umfasst (BSI 2023). Zunächst einmal ist ein solcher unzugänglicher Bereich des Internets nicht problematisch – viele Regierungsseiten, aber auch Bibliotheken haben Anteil am *Deep Web*, weil sie den Suchmaschinen den Zugang verweigern. Wer im *Deep Web* Zugang haben will, muss die Verbindung quasi manuell eingeben, also die Netzdaten kennen. Nun ist alles, was dem *Deep Web* angehört, zunächst einmal sicher, weil es unsichtbar ist. Es kann nicht *gehackt*, also illegal betreten werden. Darüber hinaus ist es damit aber auch nicht kontrollierbar.

Das *Darknet* ist ein Teil des *Deep Web*. Diese Bezeichnung wird häufig verwendet für Netzangebote, die illegal sind – angefangen von Downloads ohne Rücksicht auf Urheberrechte über Drogenhandel, unerlaubten Waffenhandel, illegale Pornographie (z. B. mit Kindern) bis hin zu Menschenhandel und die Vorbereitung von Verbrechen oder Terroranschlägen. Der Zugang zum *Darknet* hat vor allem zwei Hürden: man bracht dazu spezielle Computerprogramme und man braucht einen Zugang durch einen Darknet-Nutzer. Beides ist heute auch für Jugendliche leicht zu bekommen. Die Software ist im Netz öffentlich zugänglich (da ja das *Deep Web* generell diese Hürde hat) und häufig finden sich in jugendlichen Kreisen schnell *Darknet*-Nutzer.

Das *Darknet* ist jugendkulturell verführerisch – es erlaubt Zugang zu Inhalten, die entweder nur teuer zu erwerben sind wie geschützte Musik oder Videodaten oder die verboten sind. Und es ist den meisten Eltern und Lehrkräften unbekannt. Beides ist jugendlich-pubertär interessant. Das macht aber auch das Problem in der privaten ebenso wie der professionellen Familienbetreuung aus. Solche Inhalte sind nicht nur unter Umständen strafbar – sie können auch irritieren, verwirren, verletzen. Da die Nutzung dieses unbekannten Landes also für Jugendliche eine hohe Attraktivität hat und eine Offenlegung dieses unerlaubten Zugangs als Gesichtsverlust erlebt wird, bedarf es hier besonderer Vorsicht. Selbst wenn die Jugendlichen auffälliges Verhalten, Ängste, unerklärbare Aggression oder ähnliches zeigen, ist die Ursache nicht schnell gefunden. Die Jugendlichen „stellen", sie also z. B. mit Inhalten konfrontieren, mit denen sie hantieren, die sie digital weitergeben usw., ist wenig sinnvoll. Wir können nicht nachvollziehen, wie die Jugendlichen daran gekommen ist – das eben macht ja den Reiz des *Deep Web* und des *Darknet* aus.

Vielleicht reicht es schon, auch diese Mediennutzung unaufgeregt und interessiert am Kind und den Jugendlichen entspannt zu thematisieren – wie auch die für Erwachsene häufig unverständliche oder nicht vollziehbare Medienpraxis anderer Medien. Digitale Medien sind Medien wie andere auch und auch wieder nicht: Sie integrieren die Vielfalt der Medien in ein oder wenige Geräte, beschleunigen unser Leben und führen bei falscher Nutzung zu Selbststress und Überforderung. Und sie eröffnen ein unbekanntes und häufig unerlaubtes Land.

5.4 Digitale Handlungspraxis: Was wir über die Nutzung wissen

Auch in dieser Einheit haben wir wieder die Schwierigkeit, dass unser Material schnell veraltet, weil sich Mediennutzung angesichts der rasanten technischen Entwicklung von Jahr zu Jahr deutlich verändert. Tablets gab es vor wenigen Jahren noch gar nicht – mit der Corona-Pandemie ist dann schmerzlich bewusst geworden, dass sie längst in Schulen hätten etabliert sein müssen und können. Selbst im Vergleich zu unseren Nachbarländern Österreich und der Schweiz stand Deutschland schon in der Ausstattung schlecht da (Huber u. a. 2020). Bei *Facebook* musste bis vor kurzem noch jeder Jugendliche präsent sein – heute sind es die Silversurfer (50+), die hier aktiv sind, weniger die Generation ihrer Kinder und Enkel. Mit SmartWatches, die als Mini-Ableger von Smartphones nicht nur Körperfunktionen messen, sondern auch Telefonfunktion, Messenger-Dienste und Internetnavigatoren (*Siri*) bieten, sind wir kurz vor dem „Cyborg“ – einem Organismus, dem neben seinen biologischen Komponenten auch noch zusätzliche digitale Funktionen in den Körper implantiert wurden. Das ist keine unrealistische Perspektive mehr, sondern schon Wirklichkeit in der Erprobung. Lesen Sie hier z. B. ein Interview mit einem Cyborg: https://bit.ly/2LxS8lq

Insofern werden wir v. a. darauf schauen, Ihnen selbst Möglichkeiten zu empfehlen, sich aktuell zu informieren. Einige regelmäßige Erhebungen bieten Ihnen aktuelle Auskünfte, einige im jährlichen Rhythmus, einige seltener, andere unregelmäßig. Aber es sind verlässliche Quellen. Beginnen wir zunächst mit dem Medienpädagogischen Forschungsverbund Südwest (www.mpfs.de). Hier finden Sie relevante Studien zur Mediennutzung von Kindern, Jugendlichen und Familien – begonnen mit den Allerkleinsten. Wir stellen Ihnen – bezogen auf die Digitalität – einige aktuelle Daten vor, spätestens in zwei Jahren sollten Sie sich hier aber selbst informieren.

5.4.1 Kinder, Jugendliche und Familien

5.4.1.1 Die mini-KIM Studie

2012, 2014 und 2020 erschienen ist die Studie zur Medienpraxis der 2- bis 5-Jährigen (miniKIM 2021). Die Daten sind eigentlich schnell wieder veraltet, denn in den letzten drei Jahren ist medial viel geschehen. Beim Gerätebesitz der Kinder spielten bis 2020 die interaktiven Geräte noch keine erwähnenswerte Rolle – am häufigsten waren Audiomedien im eigenen Besitz der Kinder. Allerdings funktionieren fast alle genannten Geräte heute digital – nur der Kassettenrekorder und evtl. das Radio könnten noch der analogen Generation angehören. Und natürlich haben kleine Kinder häufig Zugang zu den im Haushalt verfügbaren interaktiven Medien. Daher ist es sinnvoll, nicht nur nach Besitz, sondern immer auch nach Verfügbarkeit zu fragen.

Kindercomputer, Spielkonsolen sind aber sehr beliebt – sowohl in fester als auch in tragbarer Version. Smartphone und Tablet-PC werden erwähnt, sind aber nur bei je 2 % bzw. 14 % der Kinder Teil des eigenen Besitzes. Als Alltagsaktivität sind sie hier aber bei den 4- bis 5-Jährigen schon bei 11 % Smartphone und 19 % Tablet mindestens einmal wöchentlich beliebt.

Zwar machen Spiele die Haupttätigkeit am Computer aus, aber rund 25 % der Kinder nutzen ihn auch mindestens wöchentlich zum Malen und Lernen mit Lernprogrammen. Auch erste Schreiberfahrungen finden bereits statt. Wenn Familien ein Tablet besitzen, wird es auch in die Beschäftigung mit dem Kind integriert und als geeignetes Medium für die gemeinsame Beschäftigung betrachtet. Die Stiftung Lesen konnte hier feststellen, dass v. a. Väter gern mit Kindern auf dem Tablet digitale Bilderbücher anschauen, und das lieber machen als analog vorzulesen. Auch Fotos und Videos werden dort gern zusammen angeschaut.

Kurz: Kinder im Kita-Alter sind digital unterwegs, Hörmedien sind grundsätzlich am ehesten in ihrem Besitz und am häufigsten genutzt, gefolgt von Büchern und Audio-Medien. Wohlgemerkt: dies sind Aussagen der Erziehenden – wir müssen hier auch berücksichtigen, dass soziale Erwartungen bei den Antworten eine Rolle spielen.

Aus einer eigenen Studie in sozial benachteiligten Stadtbereichen wissen wir, dass schon 2014 rund 25 % der 4- bis 5-Jährigen zum Teil unbegleitet online waren. Computerspiele und das Internet gehören also heute auch für die Kita-Kinder zu einer realistischen Alltagserfahrung. Wir schauen später, wie die Eltern das beurteilen. Entwicklungsbedingt kann man aber sagen, dass der Hörsinn der erste ist, der entwickelt wird und damit auch dieser Kanal schon sehr früh ansprechbar ist. Die Rezeptionsforschung zeigt dies auch seit Jahren, dass Hörmedien das wichtigste Medium der frühen Jahre darstellen. Sie sind hilfreich bei der Sprachentwicklung und einer ersten auditiven „Lesekompetenz" – also der Fähigkeit, Geschichten als Ganzes zu verstehen. Natürlich ist die direkte Kommunikation mit Kindern noch besser, weil hier unmittelbar auf individuelle Bedürfnisse reagiert werden kann – aber es gibt auch im kindlichen Verhaltensrepertoire unterschiedliche Phasen, in denen auch mal keine Interaktion stattfinden soll oder kann. Hier bieten sich Hörmedien besonders an. Sie sind auch ein ideales Nebenbei-Medium – beim Bauen, Malen und anderen Spieltätigkeiten. Sie motivieren auch zum eigenen Erzählen und Nachahmen. Nicht umsonst hat das die Spielzeugindustrie schon vor Jahren im analogen Medium des Kassettenrekorders umgesetzt und schon für kleine Kinder auch einfache Geräte mit Aufnahmefunktion und sogar zwei Mikros produziert. Vermutlich sind diejenigen, die damit aktiv in die Medienproduktion eingestiegen sind, heute engagierte Podcast-Fans in Produktion und Rezeption. Auch für den Erwerb von Deutsch als zweiter Sprache eignen sich Hörmedien für Kinder im Familienkontext besonders. Eltern mit anderen Herkunftssprachen tauchen hier mit den Kindern gemeinsam in ein einfach strukturiertes Sprachbad ein, mit überschaubarer Grammatik, überschaubarem Wortschatz.

5.4.1.2 Die KIM-Studie

Kinder, Internet und Medien stehen in der zweijährig erhobenen KIM-Studie im Mittelpunkt (KIM 2021). Die 6- bis 13-Jährigen hatten 2020 häufiger ein Handy/Smartphone (50 %) oder eine Spielkonsole (33-49 %) als ein TV-Gerät (32-36 %) in ihrem Besitz. Pädagogisch ist dies interessant. Der Besitz eines eigenen Fernsehgerätes ist zwischen 2010 und 2016 um fast 10 % gesunken. Der Handy- oder Smartphone-Besitz ist jedoch gleichgeblieben. Der eigene Internetzugang ist bei doppelt so vielen Kindern heute Standard. Vor allem Videos sind hier interessant: Kinder im Grundschulalter und in den ersten Klassen der weiterführenden Schule schauen diese gern, v. a. allein und mit Freunden, *YouTube* ist ihre Lieblingsseite im Netz. Erwartungsgemäß steigen die Online-Aktivitäten mit dem Wechsel in die weiterführende Schule – also zwischen 10 und 12 Jahren deutlich an. 74 % der 12- bis 13-Jährigen surfen im Netz und spielen auf dem Handy/Smartphone. Über die Hälfte dieser Altersgruppe besitzen schon ein Smartphone, Mädchen etwas häufiger als Jungen. Kommunikative Funktionen der mobilen Kleincomputer stehen ganz oben auf der Nutzerskala, aber über 50 % der Kinder fotografieren und filmen auch mit ihrem Smartphone. Immer mehr Kinder gehen mobil ins Netz, die Nutzung des Standcomputers für diese Funktion geht eher zurück. Das Tablet ist v. a. für Spiele, Internet und Videos – vermutlich aufgrund seines größeren Bildschirms – interessant. Insgesamt sind die Kinder die Hälfte des Tages intensiv mit Medien beschäftigt – die meisten davon digital. Gerade im Kontext Schule spielen die digitalen Kommunikationsmedien eine wichtige Rolle – sicher eher Peer-Group-bedingt. Computerspiele und das Smartphone werden dann auch am häufigsten mit Freunden genutzt. Mit 12-13 Jahren sind schon fast alle Kinder online (98 %), schon mit dem Wechsel in die weiterführende Schule im Alter von 10-11 Jahren sind es bereits seit 2014 91 %.

Natürlich spielen auch die „alten" Medien noch eine große Rolle, allen voran das Fernsehen. Aber deutlich ist, schon die Grundschulkinder nutzen das Internet auf immer kleiner werdenden Geräten, sie kommunizieren, schauen YouTube und spielen. Aber sie recherchieren auch.

Schon ein Drittel aller Grundschulkinder nutzt das Internet für Hausaufgaben. Das ist grundsätzlich positiv – denn hier findet man schnell und auch gute, individuell passende Informationen. Wenn man weiß, wo und wie. Dafür brauchen Kinder Hilfe. Aber für viele ist das Internet der Weg zur Bildungsgerechtigkeit. Gerade auch Kinder, die noch sprachliche Schwierigkeiten haben, können sich über das Internet auch in ihren anderen Sprachen Informationen zu Sachthemen beschaffen. Richtig genutzt, sind Online-Arbeit und Online-Kommunikation sehr hilfreich und unterstützen Bildung und soziale Entwicklung. Im Übermaß und beim Besuch problematischer Seiten können Entwicklungsprobleme auftauchen. Das Medienverhalten ist damit Teil der Gesamtentwicklung des Kindes und sollte in der Familienbildung immer im Kontext der anderen sozialen Faktoren betrachtet und modifiziert werden. Dazu ist es sinnvoll, alle Familienmitglieder zu beteiligen, denn Eltern gehen nicht selten sehr unterschiedlich mit diesem Erziehungsbereich um. Auch die Geschwister spielen eine wichtige Rolle (Wagner u. a. 2013, S. 264-267).

5.4.1.3 Die JIM-Studie

Die Studie Jugend, Information, (Multi-)Media (JIM 2022) untersucht die Mediengewohnheiten deutscher Jugendlicher zwischen 12 und 19 Jahren. Diese Gruppe ist fast komplett mit einem Smartphone ausgestattet. Die Marktführer Samsung und Apple dominieren auch hier. Als Nutzungsdauer ergibt sich nach Selbstaussagen für 2022 ein geschätztes Mittel von 204 Minuten pro Tag, leicht rückläufig seit dem Ende der Corona-Pandemie. Messenger-Apps sind bei allen Jugendlichen die wichtigsten Funktionen des Internets. *WhatsApp* liegt mit knapp 80 % auf Platz eins, gefolgt von *Instagram* und *TikTok*. *YouTube* ist immer noch beliebt, bei Jungen

(30 %) mehr als bei Mädchen (16 %), *Facebook* dagegen ist fast „out“ (nur ca. 10 %). Bei *Instagram* und *Snapchat* (Mädchen 25 %, Jungen 14 %) stellen sich Jugendliche selbst dar und folgen Freunden und Stars. Soziale und parasoziale Interaktion gehen fließend ineinander über.

Für Jugendliche ist auch das Fernsehverhalten durch die Digitalität verändert worden. 58 % der Jugendlichen haben ein eigenes TV-Gerät im Zimmer, knapp 50 % sogar ein Smart-TV. Die Fernseh-Gewohnheiten haben sich mit dem Smart-TV deutlich erweitert, es gehen Live-TV und Mediathek-Rezeption Hand in Hand. Bei den Streaming-Diensten dominiert *Netflix* vor *YouTube*. Gerade Serien werden – sogar häufig im englischen Original – auf Plattformen rezipiert. Jugendliche sind aber nicht nur zu Unterhaltungszwecken im Netz unterwegs. Sie informieren sich zu Nachrichten aus aller Welt. Immer noch scheinen die *Tagesschau* und *Tagesthemen* besonders glaubhaft auch für Jugendliche (in der Beliebtheit jedoch insgesamt nur bei ca. 7 %), sie suchen Informationen vielfältig und auch über Messenger-Dienste wie *Twitter*, *Telegram* oder Facebook. Für die Sachthemensuche nutzen sie Suchmaschinen allgemein, *Instagram*, *TikTok*, *YouTube* und Online-Angebote von TV-/Radiosendern. Gleichauf mit ca. 15 % liegen Nachrichten-Apps, Provider, Newsfeeds und Online-Zeitungen, gefolgt von *Snapchat*.

Man sieht: ein Potpourri aus sehr unterschiedlich seriösen Angeboten, die zeigen, dass Recherchekompetenz und Medienbildung allgemein hier wichtig sind, um in der Altersgruppe auf eine verantwortliche Beteiligung am politischen Leben vorzubereiten.

Die Studie JIMplus (2022) hat dieses Thema weiterverfolgt und festgestellt, dass nur 4 % aller befragten Jugendlichen zehn politische Aussagen korrekt einschätzen konnten (JIMplus 2022, Modul 2).

Natürlich sind Spiele ein zentrales Interesse von Jugendlichen – v. a. von Jungen. 76 % dieser Altersgruppe spielen täglich. Bei den Mädchen sind es 68 %, bei Jungen 84 %. Der Unterschied zwischen den Schularten ist zu vernachlässigen (2 %). Mädchen spielen digital etwas weniger (87 Min./Tag) als Jungen (103 Min./Tag).

Am beliebtesten sind *FIFA-Football*, *Minecraft*, und *Fortnite*, gefolgt von *GTA* (Grand Theft Auto), *Die Sims* und *Super Mario*.

Beim Thema „Cybermobbing" hat ca. ein Drittel der Jugendlichen schon Erfahrung – direkt oder indirekt. Knapp 50 % berichten über beleidigende Kommentare, 35 % über Hassbotschaften und 16 % werden persönlich beleidigt. Mädchen sind etwas häufiger betroffen als Jungen, aus der Haupt-/Realschule sind es etwas weniger Jugendliche als vom Gymnasium. Mit zunehmendem Alter steigt die Zahl der Betroffenen an. Neu ist der Begriff des „Groomings": darunter versteht man auch sexuell motivierte Kontaktaufnahmen von Fremden. Ein Viertel aller Jugendlichen – mehr Mädchen als Jungen – berichten davon (JIM 2022, S. 57). Elterliche Bezugspersonen spielen dabei für ca. 60 % der Jugendlichen eine wichtige Rolle als Ansprechpartner. Jugendliche sind aber durchaus souverän, ignorieren die Botschaften von Hatespeech, sprechen mit Freunden darüber zur Entlastung oder blockieren die Verursachenden. Gerade bei jüngeren Jugendlichen bleiben die Eltern nach der Peer-Group die wichtigste Unterstützung. Bei den 12- bis 13-Jährigen sind es noch 72 %, die angeben, dort Hilfe zu erhalten. Lehrkräfte und andere externe Erwachsene sind deutlich weniger entlastend.

5.4.2 Mediennutzung von Menschen mit Behinderung

Lange ist die mediale Gegenwart von Menschen mit Behinderung von der Forschung ausgeklammert worden. Dabei bieten gerade digitale Medien gute Möglichkeiten zur Partizipation. Eine immer noch recht aktuelle Studie hat dieses Desiderat aufgegriffen (Bosse & Hasebrink 2016). Wenngleich die Differenzierung nach Altersgruppen in der Studie noch eher grob ausfällt, lässt sich doch ein wichtiges – und vermutlich überraschendes – Ergebnis feststellen: „Die Gruppe der Menschen mit Lernschwierigkeiten ist am ehesten von Exklusion bei digitalen Medien betroffen oder bedroht" (Bosse & Hasebrinck 2016, S. 115).

Wohn- und Lebensbedingungen sowie Lesefähigkeit (die sich gegenseitig bedingen) sind Faktoren, die die Mediennutzung beeinflussen. Dadurch sind sie in vielen Bereichen behindert, etwa beim Gerätezugang oder der freien Entscheidung über den Fernsehkonsum. (vgl. Bosse & Hasebrink 2016, S. 18) Menschen mit körperlichen Einschränkungen können heute leicht Bedienhilfen für Digitalgeräte erhalten, so dass sie eigentlich am leichtesten den Zugang in die Digitalität nutzen könnten. Für Menschen mit Seh- und Hörbeeinträchtigungen sind es die Angebote selbst, die dann in mehreren Sinneskanälen Informationen anbieten müssen. Ob dies geschieht, variiert. Bei Menschen mit Lernschwierigkeiten fällt v. a. das inhaltliche Verständnis schwer.

Die Sprache in Schrift und Ton wird hier oft als sehr komplex wahrgenommen. Dies gilt übrigens auch für Menschen mit Flucht- und Zuwanderungshintergrund, die ohne Kenntnis der deutschen Sprache hierher kommen. Aber auch die soziale Situation des betreuten Wohnens erschwert für Menschen mit Lernschwierigkeiten oft die Partizipation. Ihr soziales Umfeld bietet keinen Zugang, sie haben keine Geräte und manchmal kein WLAN (vgl. Bosse 2018). Viele wissen auch nicht um Angebote in Leichter Sprache. Sie dürfen auch nicht selbstverständlich über ihr Fernsehprogramm selbst entscheiden. Je abhängiger sie in den Wohnsituationen sind, desto mehr Hilfe nehmen sie auch in Anspruch.

Trotz vieler Projekte, die zeigen, wie gern und kompetent Menschen mit Beeinträchtigungen, gerade auch junge Erwachsene, digitale Medien nutzen (vgl. Edler & Rath 2014) und wie wichtig diese Geräte zur Identitätsbildung sind und auch bei der Teilhabe helfen, ist dieser Bereich noch stark entwicklungsbedürftig.

Natürlich ist auch hier medienpädagogische Begleitung wichtig. Aber Exklusion von den vielen Möglichkeiten der Digitalität ist keine Alternative. Schon bei leichten Formen der Beeinträchtigung kann durch moderne Digitalgeräte Schreiben über das Diktat erfolgen und können Texte vorgelesen werden. Mit solchen einfachen Funktionen können Kinder und Jugendliche oft leichter in der Kita und Schule inkludiert werden. Eltern und Lehrkräfte brauchen hier Beratung. Denn hier ist nicht nur Technikkompetenz gefragt, sondern auch didaktisches Know-How. Eine wichtige Voraussetzung etwa ist das Wissen über das Universal Design for Learning und eine Planung, die die aktuelle Mediatisierung und Inklusionsansprüche berücksichtigt. (vgl. Marci-Boehncke 2019). Zahlreiche Hinweise zur schulischen Medienbildung und Digitalisierung im Kontext von Behinderung und Benachteiligung finden sich im gleichnamigen Band von Joachim Betz und Jan-René Schluchter (2022).

5.5 Bildungsinstitutionen: Kita, Grundschule, weiterführende Schule, Universität

Werfen wir nun einen Blick auf die Bildungsinstitutionen: Ziel sollte es sein, Medienbildung „entlang der Bildungskette" zu vermitteln (Aufenanger u. a. 2014), angefangen bereits in der Kita. Im Idealfall sollten alle Bildungsinstitutionen zusammenarbeiten, um besonders die Übergänge zwischen Kita, Schule und weiterführender Schule konzeptionell abzustimmen. Betont wurde in der Expertise der Medienpädagog*innen im Auftrag der Telekom Stiftung die Notwendigkeit einer Medienbildung für alle Kinder, unabhängig vom Herkunftsmilieu. Die Realität freilich sieht anders aus. Beginnt man bei der Kita, finden sich hier große Unterschiede. Eine jüngere Studie von Knauf (2019) aus dem Bistum Essen zeigt, dass Veränderungen nur langsam vonstatten gehen.

Zunächst scheint es so, dass Eltern und Erziehungspersonal mehrheitlich – entgegen den Empfehlungen der Wissenschaft – nicht der Meinung sind, dass Medienbildung, vor allem digitale Medienbildung, Teil der Aufgaben von Kindertagesstätten ist. Erzieher*innen genießen hier auch nicht unbedingt elterliches Vertrauen. 2014 waren es in einer Studie der Telekom Stiftung nur 25 % der Eltern, die Erzieher*innen hier für kompetent hielten. Zwar sind Eltern wie Erziehungspersonal der Meinung, dass Kinder im Vorschulalter bereits vielfältige Medienerfahrung mitbringen, aber pädagogisch scheint häufig eine Kompensationsstrategie favorisiert zu werden. Man möchte Kindern mehr analoge und soziale Erfahrung vermitteln – die digitale Welt könne man später noch erkunden. Oder man ist nicht der Meinung, dass man selbst sich in diesem Bereich noch engagieren müsste, obwohl deutlich gesehen wird, dass eine Kooperation mit den Familien sinnvoll wäre (Knauf 2019, S. 13). In den Bildungsgrundlagen der Bundesländer ist der Umgang mit Medien überall thematisiert (vgl. Friedrichs-Liesenkötter 2019). Die Umsetzung ist aber letztlich optional, denn es finden hierzu keine verpflichtenden Qualitätssicherungen statt. Im Endeffekt entscheiden die verschiedenen Träger und sogar die Einzelkitas, was sie wie umsetzen. Die Leitungskräfte geben hier zentrale Orientierung vor (vgl. Goetz 2018). Wem die digitale Medienbildung wichtig ist, der versucht, dass sie ins Leitbild kommt und steuert über sein Personal die Umsetzung. Das klappt nicht immer – aber Kitas sind zu klein, als dass an der Leitung vorbei so ein wichtiger Bereich wie digitale Bildung realisiert werden könnte. Hierzu sind auch infrastrukturelle Veränderungen nötig, diese kosten Geld und erfordern auch rechtliche Einwilligungen. Die Realisierung erfolgt also nur gemeinsam konsensual „top down", die

Verweigerung jedoch geht auch individuell. Lang (2021) weist darauf hin, dass der soziale Kontext schon in der Frühen Kindheit ein entscheidendes Differenzkriterium für Bildungschancen darstellt. Um 20 % der Kinder in NRW beispielsweise leben an der Armutsgrenze. Viele Wissenschaftler*innen fordern deshalb, gerade hier mehr zu investieren, materiell und inhaltlich-qualitativ, um Bildungsunterschiede durch die Institutionen auszugleichen. Gerade im Bereich der digitalen Bildung klappt das bisher nicht gut, vor allem, da hier die größte bewahrpädagogische Sorge durch entsprechende Beliefs vorhanden ist. Man findet digitale Medien in der Verwaltung – aber noch wenig in der Bildungsarbeit (Friedrichs-Liesenkötter 2020, S. 442). Veenker und Kubandt (2021) beschreiben in ihrer Studie unter (Berufs-) Fachschullehrkräften nach wie vor zwei diametral gegensätzliche Positionen, die gemeinsam anzutreffen sind: Eine große Gruppe ist davon überzeugt, dass digitale Medienbildung grundsätzlich sinnvoll ist in der Erzieher*innenausbildung – andererseits möchten sie selbst nicht dafür verantwortlich sein (Veenker & Kubandt 2021, S. 222).

Ähnlich ist es auch in der Grundschule. Hier allerdings sind mehr Eltern der Meinung, dass digitale Medienbildung hier vermittelt werden sollte und die Lehrkräfte auch medienkompetent sind. Womit man die Realität wohl überschätzt. Zwar nutzen heute die meisten berufstätigen Erwachsenen selbst auch digitale Medien, aber das technische, vor allem aber didaktische Wissen, digitale Medien in der Schule zu vermitteln, besitzen auch Lehrkräfte heute noch nicht.

Für viele der heutigen Lehrkräfte gehörte der Umgang mit digitalen Medien noch nicht in ihren Erfahrungsraum während des eigenen Studiums. Etwa die Hälfte der deutschen Lehrkräfte gehört zur Generation 50+. Wer mit 25 Jahren sein Studium beendet hat und heute über 50 Jahre ist, hat spätestens 1993 das Studium abgeschlossen. Damals gab es zwar schon PCs, die aber noch sehr teuer waren. Das Web 2.0 kam erst zum Ende der 1990er Jahre zu größerer Verbreitung. Diese Generation brauchte mindestens Lehrerfortbildungen. Diese werden auch gefordert, aber in der Praxis wenig genutzt. In der universitären Ausbildung ist bis heute digitale Bildung eine Option. Didaktische Reflexionen darüber als Teil der unterrichtlichen Aufgaben finden so gut wie gar nicht statt (ein Modell dazu vgl. Marci-Boehncke & Bosse 2018). Moniert wird von allen Lehrkräften die schulische Ausstattung – die in der Grundschule auch häufig schlechter ist als an weiterführenden Schulen.

Aber auch hier gilt, dass „digitale Mediennutzung abhängig vom individuellen Engagement der Lehrer" (Thom u. a. 2016, S. 14) ist. Als Orientierungshilfe bietet sich der Medienkompetenzrahmen NRW und da der Medienpass NRW (https://

medienkompetenzrahmen.nrw) an, der übrigens auch für Arbeit der Familienbildungsinstitutionen in den Offenen Ganztagsschulen und der Jugendbildung ein sinnvoller didaktischer Rahmen sein sollte (vgl. Strehlow 2015). In den weiterführenden Schulen erforscht die ICILS-Studie im Länderindikator (Lorenz u. a. 2022) die Situation des Einsatzes digitaler Medien vergleichend in den deutschen Bundesländern. Hier ist deutlich: Corona hat einen deutlichen Entwicklungsschub in Sachen Digitalisierung in den Schulen bereitet. Kaum eine Lehrkraft gibt mehr an, digitale Medien nie zu nutzen. Und die Zahl derer, die mindestens einmal wöchentlich etwas mit digitalen Medien machen (lassen), hat sich von ca. 50 auf ca. 75 % bzw. sogar 89 % (Mußmann u. a. 2021) erhöht. Allerdings:

> „Im Trendvergleich sind für Deutschland insgesamt keine statistisch signifikanten Verbesserungen bei der Förderung computer- und informationsbezogener Fähigkeiten festzustellen. Zum Erhebungszeitpunkt 2017 haben 59,4 Prozent der Lehrkräfte hierzu grundlegende Kompetenzen angeleitet und gefördert; 2021 liegt dieser Wert bei 56,4 Prozent. Diese gleichbleibende Tendenz gilt sowohl für das Basiswissen, wie etwa der Bearbeitung von Tabellen, Grafiken oder Texten (bundesweiter Durchschnittswert: 59,4 Prozent), bis hin zu anspruchsvolleren Fähigkeiten der Schüler, etwa die Glaubwürdigkeit und Nützlichkeit ermittelter Informationen richtig einschätzen zu können (bundesweiter Durchschnittswert: 70,2 Prozent)." (Lorenz u. a. 2021, S. 25)

So wurde in Deutschland zu lange einerseits in Unterstützungsmodellen (vgl. z. B. das Förderprogramm „Gute Schule 2020" in NRW) finanzielle Erleichterung bei der schulischen Ausstattung ermöglicht, gleichzeitig die Restriktionen für digitales Arbeiten aus rechtlichen Überlegungen verstärkt. Genehmigungsverfahren wurden erweitert, WLAN-Zugänge an Schulen sind so gesichert, dass digitale Arbeit nur sehr restriktiv möglich ist. Dazu kommt, dass Datenschutzrichtlinien kreative Medienarbeit (mit Fotos und Videos), die auch eine Präsentation im Netz erlaubt, nahezu verhindern. Dahinter stehen einerseits berechtigte Schutzfunktionen, die hier staatlich übernommen werden, andererseits wirft sie uns medienpraktisch in die Zeit vor dem Web 2.0 zurück. Wer mit langem Vorlauf alle Eltern immer wieder neu um Unterschriften bitten, ministerielle Erlaubnis einholen muss, kann Unterricht nicht mehr zeitrealistisch planen und bleibt dann doch bei dem Plakat mit Tonpappe, dem kopierten Buch, statt die Lernergebnisse der Schülerinnen und Schüler in einem Blog zu präsentieren. Schade für die Kinder – denn zukunftsorientierter, nachhaltiger, umweltschonender, preiswerter und jugend- kulturell „cooler" wäre wohl heute die digitale Präsentation.

Der „Bildungsmonitor 2022“ fordert für mehr Wachstum und Bildungsgerechtigkeit eine Verbesserung der digitalen schulischen Bildungsbedingungen (vgl. Anger & Plünnecke 2022, S. 109ff.).

Gerade Kinder und Jugendliche aus familiär weniger begleiteten Milieus sind darauf angewiesen, in den staatlichen Bildungsinstitutionen diese zentrale Kompetenz zu erwerben, die ihnen später beruflichen und sozialen Erfolg ermöglicht. Die rechtlichen Rahmenbedingungen für digitale Arbeit sind in der offenen Jugendarbeit etwas erleichtert, aber grundsätzlich ähnlich. Es bedarf Aufklärung über Persönlichkeitsrechte, Urheberschutz und konstruktiver Informationen darüber, wie Rechte gewahrt kreative digitale Nutzung aber trotzdem ermöglicht wird – zum Beispiel, indem bei Fotos mit Kinder und Jugendlichen grundsätzlich keine Gesichter aufgenommen werden.

Fassen wir hier zusammen, müssen wir feststellen, dass zwar inzwischen ein breiter politischer Konsens darüber besteht, dass nicht nur, aber auch aus wirtschaftlichen Gründen Deutschland den Anschluss an die Digitalisierung forcieren muss – auch im pädagogischen Bereich. Da hat Corona sicher auch viel Praxisdruck noch einmal deutlich werden lassen. Finanziell soll Unterstützung erfolgen. Vor einer konsequenten Forderung nach pädagogischer Umsetzung sind wir aber noch weit entfernt. Verweigerung hat keine Folgen. Medienbildung ist kein „Laufen lassen“, sondern ein Professionalisierungsanspruch an Bildungspersonal, der existentiell die Zukunft der in ihre Verantwortung gestellten Generation mitbestimmt.

5.6 Die Familie und die Familienbildung

Medienerziehung in der Familie spiegelt oft zentrale Fragen des allgemeinen Miteinanders wider: Wie sehr vertrauen wir uns, halten uns an Absprachen? Wie sehr unterstützen wir als Eltern aktiv unsere Kinder? Wie gehen wir mit Privatheit und Gemeinschaft um? Welche Rolle spielt für uns gemeinsame Zeit? (Vgl. Mascheroni & Cuman 2014, S. 13)

Für Eltern – wie auch für Lehrkräfte – ist es oft schwer erträglich, dass sie in einem Bereich erziehen sollen, den ihre Kinder in vieler Hinsicht viel besser kennen als sie selbst. Wenn sie sich inkompetent fühlen, scheint die Bereitschaft zum Verbot höher (Lee 2012; Nikken 2017).

Die Kernvoraussetzung für Medienerziehung ist also familiäres Vertrauen und ein Austausch darüber, was mit Medien gemacht wird. Elterliche Aufmerksamkeit und Anerkennung der Präferenzen der Kinder ist dazu die Grundbedingung und auch der Einstieg. Anfangs wird Ausprobieren unterstützt, es gibt weniger Regeln bei Eltern, die grundsätzlich frühkindliche Computernutzung erlauben. Je älter das Kind wird, desto eher wird reglementiert. Zeit und Ort sind die Rahmenbedingungen, dann kommen die Inhalte (Nikken 2017, S. 3).

Trotzdem gibt es Unterschiede, es finden sich auch in der digitalen Erziehung die in unserer Einheit zur Erziehungskompetenz dargestellten „Typen“ (Wagner u. a. 2013).

Natürlich wollen sich Kinder und Jugendliche gerade durch ihr Medienverhalten von den Eltern abgrenzen. Hier erleben sie sich auch oft selbst als stärker und vermeintlich kompetenter (Macheroni & Cuman 2014, S. 22). Faktisch können Eltern das Online-Verhalten ihrer Kinder schon bald nicht mehr wirklich kontrollieren – spätestens mit dem Besitz von Smartphones müssen sie darauf vertrauen, dass Kinder vernünftig handeln können. Mehrere Stufen elterlicher Erziehung sind auch empirisch im Elternverhalten nachgewiesen (vgl. Macheroni & Cuman 2014, S. 47):

- Aufklärung, Appelle und Interesse: Eltern besprechen vertraulich mit ihren Kindern, wie sie sich im Netz bewegen sollten, was sie nicht machen sollen und warum nicht. Sie interessieren sich für die Interessen und Erfahrungen und halten nahen Kontakt.
- Aktive und konkrete Hinweise auf sicheren Internetgebrauch!

- Klare Regeln zum Internetgebrauch. Zeitliche und „situative“ Begrenzungen.
- Technische Kontrolle über Filterprogramme und Zeitlimits.
- Aktive inhaltliche Kontrolle der Online-Aktivitäten der Kinder.

Der intensive Kontakt zu den Kindern, ihr Vertrauen, ihre Bereitschaft, miteinander Probleme und Fragen zu besprechen, sind die beste Basis für gelingende Medienerziehung. Männliche Bezugspersonen zeigen sich insgesamt medienaffiner als weibliche. Väter beurteilen digitale Medien besser, sehen eher die Chancen und halten sich auch selbst im Umgang mit den Angeboten für kompetenter. Je älter die Kinder werden, desto mehr nimmt der eingeschätzte Kompetenzvorsprung der Erwachsenen ab. Bei Kindern in der weiterführenden Schule fühlen sich immerhin 25 % der Mütter nicht mehr ausreichend kompetent in Fragen der Interneterziehung, in den jüngeren Altersgruppen sind es jedoch auch fast 20 %. Je mehr die Eltern selbst online aktiv sind, desto kompetenter schätzen sie sich ein. Für die Altersgruppen der Frühen Bildung sind Eltern, wie mehrere Studien zeigen, mehrheitlich der Meinung, dass sie selbst, nicht eine Bildungs- oder Betreuungsinstitution die Beschäftigung mit digitalen Medien steuern und vermitteln sollten – wenn überhaupt. Für Schulkinder verändert sich diese Einstellung. Hier wünschen sich ca. 30 % aktive pädagogische Unterstützung. Nur knapp 20 % der Mütter wünschen sich, dass ihr Kind in der Schule die neuesten Medien, z. B. Tablets, kennenlernt – und bei ihnen gibt es kaum Bildungsunterschiede. Bei den Vätern wünschen sich dies rund 43 % – jedoch abnehmend zu den höheren Bildungsabschlüssen (vgl. Grobbin 2016, S. 30f.). Vor allem Eltern mit niedrigeren Bildungsabschlüssen und auch mit Zuwanderungsgeschichte halten institutionelle Informationsangebote zur Internetsicherheit in Interviews für sehr geeignet. Ihnen vertrauen sie eher als anderen Eltern, Bekannten oder dem Fernsehen. Lehrkräfte haben hier ebenso wie Beratungsstellen und Ärzte eine höhere Autorität. Ob deshalb in der Praxis solche Angebote aufgesucht werden, ist eine andere Frage. Professionalisierung ist nötig – in der Schulsozialarbeit, die auch wieder zwischen der institutionellen Bildung und der Familie steht, spielt Medienbildung heute eine wichtige Rolle. Für diesen Bereich gibt es auch aktuelle und einschlägige Fachliteratur (Hollenstein & Nieslony 2020). Für einen Gesamtüberblick zu vor allem digitaler Medienerziehung in Deutschland lohnt sich ein Blick in den jeweils aktuellen Familienbericht, aktuell der *Neunte Bildungsbericht* (Walper u. a. 2021, S. 201-219).

5.7 Fazit

Eltern wie auch Bildungsinstitutionen haben ein Bewusstsein davon, dass Kinder digital unterwegs sind. Als *Early Adopters* scheinen sie einen Schritt voraus, was Kontrolle schwierig – aber pädagogisch wünschenswert – macht. In Kitas ist von einer verlässlichen digitalen Medienbildung immer noch nicht die Rede, in der Grundschule jedoch ist sie bereits professionelle Anforderung. Ausstattung, WLAN und didaktisches Know-How der Lehrpersonen bleiben zentrale Hindernisse, die in Umfragen beschrieben werden. Die Kategorien „Haltung" und „Selbstwirksamkeit" sind empirisch schwer zu erheben. Auch in der weiterführenden Schule bleiben Probleme bei einer konsequenten Umsetzung von digitaler Medienbildung. Vieles bringen sich unsere Kinder und Jugendliche selbst bei. Diese Kompetenzen sind natürlich an jugendlichen Interessen orientiert und schließen pädagogisch und bildungspolitisch wünschenswerte Handlungspraxen nicht unbedingt ein.

Auch die Ausbildung des Erziehungspersonals schließt heute im Lehramtsstudium noch nicht die didaktische Perspektive auf die junge Generation ein. In der Ausbildung von Erzieher*innen scheint dies etwas anders. Familienbildung aber bleibt gerade in der digitalen Bildung wichtig. Eltern – vor allem solche aus bildungsbenachteiligten Milieus – vertrauen eher auf ihre Autorität als auf kindorientiertes Interesse und Aushandlungsprozesse. An Aspekten der Erreichbarkeit – ggf. auch über Communities o. ä. – muss noch gearbeitet werden.

Auf jeden Fall ist das Internet selbst auch ein wichtiges Medium, um Eltern zu erreichen. Mit digitaler Oberfläche bietet es Barrierefreiheit, so dass Texte in verschiedenen Medialitäten präsentiert und erschlossen werden können, Vorlesehilfen und Übersetzungen in Anspruch genommen werden können.

Inklusion könnte so auch in diesem Bereich für unterschiedliche, benachteiligte Lebenslagen ermöglicht werden.

Was uns als Gesellschaft schon jetzt und bald immer mehr vor Herausforderungen stellen wird, ist die Entwicklung von künstlicher Intelligenz. Gerade sie erfordert sehr aufmerksame Medienbildung von Anfang an.

Die Chancen durch KI für viele Lebensbereiche sind groß und die technische Entwicklung wird nicht mehr einzudämmen sein. Im Gegenteil. Aber es entstehen auch neue und zum Teil noch nicht absehbare Risiken. Sie betreffen nicht nur Fragen nach der Zukunft von Arbeitsplätzen – sondern die Zukunft unserer Interaktion mit digitalen Maschinen, deren Ähnlichkeit zum Menschen gewollt immer größer wird. Diese Anthropomorphisierung der Maschinen wird gerade das Menschliche wieder herausfordern.

Wir haben uns bemüht, einige Themen zum Umgang mit und zur Entwicklung von Medien anzusprechen und vor allem für Erzieher*innen und Eltern außerhalb von Studienliteratur eher in populärer, leicht lesbarer Form aufzuarbeiten. Das Buch soll keine wissenschaftliche Literatur im engeren Sinn ersetzen. Aber es ist aus eigener wissenschaftlicher, didaktischer und elterlicher Erfahrung geschrieben. Und insofern ist es manchmal gewollt enger an den Familien als an den reinen Forschungsergebnissen. Es will vor allem bei der eigenen Meinungsbildung in Erziehungsfragen helfen. Es soll Mut und Zuversicht machen. Mut etwa, Schweigespiralen zu durchbrechen und selbst in der Kita einmal das Thema Medienbildung anzusprechen. Mut auch, das Unwohlsein bei *Alexa* und Co. in der Familie zu äußern und gemeinsam Regeln festzulegen. Wir wollten etwas Hintergrundwissen vermitteln, für Chancen und Probleme sensibilisieren, ohne zu moralisieren. Medien sind und waren immer ein Thema, was zu generationellen Unterschieden führt(e). Heutige Eltern sind zwar meist selbst *digital natives*, treten aber nicht immer reflektierend heraus aus den eigenen medialen Gewohnheiten. Vielleicht konnten wir durch die Herstellung von Zusammenhängen zu dieser Reflexion anregen, um Sicherheit in der eigenen Familienerziehung oder für die Begleitung von Familien zu vermitteln.

5.8 Was heisst das für die Praxis?

Schwierig ist häufig die Frage: Worüber sprechen wir eigentlich? Was ist denn „über- mäßiger“ Medienkonsum? Was sollte denn eine 10-Jährige können – und was soll sie dürfen? Wer achtet auf wen – und wer setzt warum welche Grenzen? Alle Beteiligten haben da so ihre Interessen und wähnen sich im Recht. Und schnell hat man sich wegen der Fakten in den Haaren – wobei es doch eigentlich um Zielvorstellungen, Gemeinsamkeiten und eine gelingende Praxis gehen sollte. Da kann es sinnvoll sein, die Frage nach „richtig“ oder „falsch“ mal an „Expert*innen“ zu delegieren – vor allem, wenn dies differenziert geschieht. Denn nicht alles ist so schlecht, dass es nicht noch eine gute Seite hätte, auf die aber im Eifer des Gefechts keiner kommt.

Für den Umgang mit digitalen Medien gibt es viele Ratschläge und Ideen. Und Tests. Die meisten sind zwar wissenschaftlich, aber schwer nachvollziehbar. Besser wäre ein „Test“, der den konkreten Blick schult als auf allgemeine Theorie abzuheben. Falls Sie an konkreten Tipps zur Medienerziehung interessiert sind, finden Sie unter diesem Link „10 Tipps zur Medienerziehung in der Familie“

> www.scoyo.de/magazin/kinder-und-medien/medienerziehung-in-der-familie-tipps-eltern/

ein paar Anregungen für Ihre eigene Bildungsarbeit – in Familie oder Beratung.

5.9 Literatur

Anger, Christina & Plünnecke, Axel. 2017. INSM-*Bildungsmonitor 2022. Bildungschancen sichern, Herausforderungen der Digitalisierung meistern.* Eine Studie im Auftrag der Initiative Neue Soziale Marktwirtschaft (ISM). Köln: Institut der deutschen Wirtschaft. www.insm-bildungsmonitor.de/pdf/Forschungsbericht_2022-Langfassung.pdf.

Aufenanger, Stefan, Eickelmann, Birgit & Herzig, Bardo. 2014. *Medienbildung entlang der Bildungskette. Ein Rahmenkonzept für eine subjektorientierte Förderung der Medienkompetenz im Bildungsverlauf von Kindern.* Deutsche Telekom Stiftung. http://e-paper.telekom.com/telekom-stiftung/Medienbildung/epaper/ausgabe.pdf?rnd=536a0919b26c6.

Betz, Joachim & Schluchter, Jan-René. 2022. *Schulische Medienbildung und Digitalisierung im Kontext von Behinderung und Benachteiligung.* Weinheim, Basel: Beltz Juventa.

Bock-Famulla, Kathrin, Münchow, Anne, Sander, Felicitas, Akko, Davin Patrick & Schütz, Julia. 2021. *Länderreport Frühkindliche Bildungssysteme 2021. Transparenz schaffen – Governance stärken.* Gütersloh: Verlag Bertelsmann Stiftung. www.laendermonitor.de/de/publikationen/detail/did/laenderreport-fruehkindliche-bildungssysteme-2021-all.

Bosse, Ingo. 2018. Basiswissen zur Mediennutzung von Menschen mit Behinderungen und seine Implikationen für die inklusive Didaktik im Fach Deutsch. In: Anders, Petra & Wieler, Petra (Hrsg.), *Literalität und Partizipation. Reden, Schreiben, Gestalten in und zu Medien.* Tübingen: Stauffenburg Verlag, S. 83-102.

Bosse, Ingo & Hasebrink, Uwe. 2016. *Mediennutzung von Menschen mit Behinderungen. Zusammenfassung der Studie.* Berlin, Bonn: die medienanstalten, Aktion Mensch e.V. www.die-medienanstalten.de/publikationen/weitere-veroeffentlichungen/artikel/mediennutzung-von-menschen-mit-behinderungen.

Brinda, Torsten, Brüggen, Niels, Diethelm, Ira, Knaus, Thomas, Kommer, Sven, Kopf, Christine, Missomelius, Petra, Leschke, Rainer, Tilemann, Friederike & Weich, Andreas. 2020. Frankfurt-Dreieck zur Bildung in der digital vernetzten Welt – ein interdisziplinäres Modell. In Knaus, Thomas & Merz, Olga (Hrsg.), *Schnittstellen und Interfaces. Digitaler Wandel in Bildungseinrichtungen* (FraMediale, Band 7). München: kopaed, S. 157-167.

BSI. 2023. *Darknet und Deep Web – wir bringen Licht ins Dunkle. Was ist das Darknet, was das Deep Web und worauf sollte man achten?* (24.05.2023). www.bsi.bund.de/dok/13462614.

Edler, Cordula & Rath, Matthias. 2014. People with Learning Disabilities Using the iPad as a Communication Tool – Conditions and Impact with Regard to e-inclusion. In Miesenberger, Klaus, Fels, Deborah, Archambault, Dominique, Penaz, Petr & Zagler, Wolfgang (Hrsg.), *Computers Helping People with Special Needs. 14th International Conference, ICCHP 2014, Paris, France, July 9-11, 2014, Proceedings, Part I.* Wiesbaden: Springer, S. 177-180.

Eggert, Susanne & Wagner, Ulrike. 2016. *Grundlagen zur Medienerziehung in der Familie. Expertise im Rahmen der Studie MoFam – Mobile Medien in der Familie.* München: JFF. www.jff.de/studie_mofam.

Friedrichs-Liesenkötter, Henrike. 2019. ‚Wo Medienbildung draufsteht, steckt nicht unbedingt Medienbildung drin'. Eine Dokumentenanalyse von Bildungsplänen und Curricula in Ausbildung und Studium zur frühkindlichen Medienbildung und erziehung. *Medien-Impulse*, 57(1), S. 1-47.

Friedrichs-Liesenkötter, Henrike. 2020. Digitalisierung in der frühkindlichen Bildung – von der digitalen Platzvergabe bis zu Medienerziehung und -bildung. In Kutscher, Nadia, Ley, Thomas, Seelmeyer, Udo, Siller, Friederike, Tillmann, Angela & Zorn, Isabel (Hrsg.), *Handbuch Soziale Arbeit und Digitalisierung.* Weinheim, Basel: Beltz, S. 442-456.

Grobbin, Alexander. 2016. *Digitale Medien: Beratungs-, Handlungs- und Regulierungsbedarf aus Elternperspektive.* München: DJI e.V.

Hollenstein, Erich & Nieslony, Frank (Hrsg.). 2020. *Schulsozialarbeit in mediatisierten Lebenswelten.* Weinheim, Basel: Beltz Juventa.

Huber, Stephan Gerhard, Günther, Paula Sophie, Schneider, Nadine, Helm, Christoph, Schwander, Marius, Schneider, Julia A. & Pruitt, Jane (Hrsg.). 2020. *COVID-19 und aktuelle Herausforderungen in Schule und Bildung. Erste Befunde des Schul-Barometers in Deutschland, Österreich und der Schweiz.* Münster, New York: Waxmann. https://doi.org/10.25656/01:20579

JIM. 2022. *JIM-Studie 2022. Jugend, Information, (Multi-)Media. Basisstudie zum Medienumgang 12- bis 19-Jähriger in Deutschland.* Stuttgart: Medienpädagogischer Forschungsverbund Südwest.

JIMplus. 2022. *JIMplus 2022 Fake News und Hatespeech*. Stuttgart: Medienpädagogischer Forschungsverbund Südwest. www.mpfs.de/studien/jim-studie/jimplus-2022/

Kant, Immanuel. 1797. *Metaphysik der Sitten* (Akademieausgabe, Band VI). http://kant.korpora.org/Inhalt6.html.

KIM. 2021. *KIM-Studie 2020. Kindheit, Internet, Medien. Basisuntersuchung zum Medienumgang 6- bis 13-Jähriger.* Stuttgart: Medienpädagogischer Forschungsverbund Südwest. www.mpfs.de/studien/kim-studie/2020/.

Knauf, Helen. 2019. *Digitalisierung in Kindertageseinrichtungen. Ergebnisse einer Fragebogenerhebung zum aktuellen Stand der Nutzung digitaler Medien* (Bielefeld Working Paper 3). Bielefeld. https://doi.org/10.25656/01:17999.

Kottkamp, Ingo. 2006. Was die Suchmaschine nicht findet. Deep Web – Über das unsichtbare Internet. *Deutschlandfunk Kultur*, 30.8.2006. www.deutschlandfunkkultur.de/was-die-suchmaschine-nicht-findet.1162.de.html?dram:article_id=182787.

Lang, Anke. 2021. Digitalisierung in der Kita – Bildung und Teilhabe für alle Kinder! In Wunder, Maik (Hrsg.), *Digitalisierung und Soziale Arbeit. Transformationen und Herausforderungen*. Bad Heilbrunn: Verlag Julius Klinkhardt, S. 172-188. https://doi.org/10.25656/01:23168.

Lee, Sook-Jung. 2012. Parental restrictive mediation of children's internet use. Effective for what and for whom? *new media & society* 15(4), S. 466-481.

Lorenz, Ramona, Yotyodying, Sittipan, Eickelmann, Birgit & Endberg, Manuela. 2021. *Schule digital – der Länderindikator 2021. Erste Ergebnisse und Analysen im Bundesländervergleich.* Dortmund: Institut für Schulentwicklungsforschung. www.telekom-stiftung.de/sites/default/files/files/Laenderindikator-2021-Bericht.pdf.

Lorenz, Ramona, Yotyodying, Sittipan, Eickelmann, Birgit & Endberg, Manuela. 2022. *Schule digital – der Länderindikator 2021. Lehren und Lernen mit digitalen Medien in der Sekundarstufe I in Deutschland im Bundesländervergleich und im Trend seit 2017.* Münster, New York: Waxmann. https://doi.org/10.25656/01:24606.

Marci-Boehncke, Gudrun & Bosse, Ingo. 2018. Inklusive digitale Medienbildung im (Deutsch-) Unterricht: ein kooperatives Lehrkonzept von Rehabilitationswissenschaften und Literaturdidaktik. In Hussmann, Stephan & Welzel, Barbara (Hrsg.), *DoProfiL – Das Dortmunder Profil für inklusionsorientierte Lehrerinnen- und Lehrerbildung.* Münster: Waxmann, S. 223-236.

Marci-Boehncke, Gudrun. 2019. Professionalisierung in der frühkindlichen Bildung. In Bosse, Ingo, Schluchter, Jan-René & Zorn, Isabel (Hrsg.), *Handbuch Inklusion und Medienbildung*. Weinheim, Basel: Beltz, Juventa, S. 288-287. www.beltz.de/fachmedien/sozialpaedagogik_soziale_arbeit/produkte/details/38237-handbuch-inklusion-und-medienbildung.html.

Mascheroni, Giovanna & Cuman, Andrea. 2014. *Net Children Go Mobile: F inal Report (with country fact sheets)*. Deliverables D6.4 and D5.2. Milano: Educatt. http://netchildrengomobile.eu/ncgm/wp-content/uploads/2013/07/NCGM_FinalReport_Country_DEF.pdf.

Meltwater. 2022. *31 YouTube Statistiken, die Marketer im Jahr 2022 kennen müssen*. www.meltwater.com/de/blog/youtube-statistiken.

Mußmann, Frank, Hardwig, Thomas, Riethmüller, Martin & Klötzer, Stefan. 2021. *Digitalisierung im Schulsystem 2021: Arbeitszeit, Arbeitsbedingungen, Rahmenbedingungen und Perspektiven von Lehrkräften in Deutschland. Ergebnisbericht*. Göttingen: Kooperationsstelle Hochschulen und Gewerkschaften der Georg-August-Universität Göttingen. https://doi.org/10.3249/ugoe-publ-10.

miniKIM. 2021. *miniKim 2020. Kleinkinder und Medien. Basisstudie zum Medienumgang 2- bis 5-Jähriger in Deutschland*. Stuttgart: Medienpädagogischer Forschungsverbund Südwest. www.mpfs.de/studien/minikim-studie/2020/.

Nikken, Peter. 2017. Parental Mediation of Media. *The international Encyclopedia of Media Effects*. https://doi.org/10.1002/9781118783764.wbieme0204.

Pross, Harry. 1972. *Medienforschung. F ilm, Funk, Presse, Fernsehen*. Darmstadt: Carl Habel Verlagsbuchhandlung.

Rath, Matthias. 2003. Das Internet – die Mutter aller Medien. In Huizing, Klaas & Rupp, Horst F. (Hrsg.), *Medientheorie und Medientheologie*. Münster: Lit, S. 59-69.

Reinecke, Leonard, Aufenanger, Stefan, Beutel, Manfred E., Dreier, Michael, Quiring, Oliver, Stark, Birgit. Wölfling, Klaus & Müller, Kai W. 2017. Digital stress over the life span: The effects of communication load and internet multitasking on perceived stress and psychological health impairments in a German probability sample. *Media Psychology*, 20(1), S. 90-115. http://dx.doi.org/10.1080/15213269.2015.1121832.

Schlör, Katrin. 2022. Familie, Digitalisierung und digitale Medien. Von der Herausforderung zur Bewältigung – ein ressourcenorientierter Blick auf Familie in der Digitalität. In Deutsches Kinderhilfswerk (Hrsg.), *Teilhaben! Kinderrechtliche Potenziale der Digitalisierung. Online-Dossier.* https://dossier.kinderrechte.de/digitalitaet-familie.

Strehlow, Sarah Kristina. 2015. *Medien- und Lesekompetenzförderung mit (digitalen) Medien in außerunterrichtlichen Angeboten der Offenen Ganztagsgrundschule.* Diss. Dortmund 2015. http://dx.doi.org/10.17877/DE290R-17220.

Szczuka, Jessica, Artelt, André, Geminn, Christian, Hammer, Barbara, Kopp, Stefan, Manzeschke, Arne, Roßnagel, Alexander, Slawik, Pauline, Strathmann, Clara, Szymczyk, Natalia, Varonina, Lina & Weber, Carina (2021) *Können Kinder aufgeklärte Nutzer*innen von Sprachassistenten sein?: Rechtliche, psychologische, ethische und informatische Perspektiven.* Essen: Universität Duisburg-Essen, Universitätsbibliothek. https://doi.org/10.17185/duepublico/74238.

Thom, Sabrina, Behrens, Julia, Schmid, Ulrich & Goertz, Lutz. 2017. *Monitor Digitale Bildung. Digitales Lernen an Grundschulen.* Gütersloh: Bertelsmann Stiftung. https://doi.org/10.11586/2017040.

Veenker, Jaquelin & Kubandt, Melanie. 2021. Digitalisierung in Kindertagesstätten. Perspektiven von Lehrkräften an (Berufs-)Fachschulen für Sozialpädagogik. In Wunder, Maik (Hrsg.), *Digitalisierung und Soziale Arbeit. Transformationen und Herausforderungen.* Bad Heilbrunn: Verlag Julius Klinkhardt, S. 215-225 https://doi.org/10.25656/01:23171.

Wagner, Ulrike, Gebel, Christa & Lampert, Claudia (Hrsg.). 2013. *Zwischen Anspruch und Alltagsbewältigung: Medienerziehung in der Familie.* Berlin: Vistas.

Walper, Sabine, Baykara-Krumme, Helen, Dethloff, Nina, Kreyenfeld, Michaela, Plünnecke, Axel & Pollak, Reinhard. 2021. *Neunter Familienbericht. Eltern sein in Deutschland – Ansprüche, Anforderungen und Angebote bei wachsender Vielfalt.* Berlin: Bundesministerium für Familie, Senioren, Frauen und Jugend.

6. Modul „Auf der Zielgerade der Erziehungsverantwortung: für die Zukunft stark“

Wozu das Ganze? Warum „erziehen“ wir überhaupt? Hat nicht das Kind die besten Ausgangsbedingungen, das sich frei entwickeln kann? Der Philanthrop Jean-Jacques Rousseau gilt im 18. Jahrhundert als Begründer eines ersten, eigentlichen Kindheitsverständnisses und scheint diese Meinung vertreten zu haben – jedenfalls wird er oft so interpretiert. Eine aktuelle Suche, wie sie Laien im Netz machen würden, unter dem Prompt „Was versteht Rousseau unter natürlicher Erziehung?“ führt etwa bei Google zu folgendem Ergebnis:

> „Rousseau gilt auch heute noch unter vielen als Begründer einer natürlichen Pädagogik, deren Grundsatz ‚wachsen lassen‘ zur Passivität des Erziehers aufruft und den Zögling ganz seiner natürlichen Entwicklung überlassen will. Jede pädagogische Intervention wird nach diesem Verständnis als Störung aufgefasst.“

Auf einen ersten Blick scheint diese Definition (Benz 2004, übrigens aus einer bei *Grin* veröffentlichten Zwischenprüfungsstudienarbeit – also BA-äquivalent) anzudeuten, dass diese passive Haltung Rousseaus Empfehlung und sein Verständnis von Erziehung abbilde. Man muss aber erstens diese Definition gut lesen – denn „gilt auch heute noch unter vielen“ und „wird nach diesem Verständnis (...) aufgefasst“ bedeutet eben nicht, dass diese Interpretationen angemessen sind – und zur inhaltlichen Differenzierung braucht es eben den kontextuellen Rahmen: Rousseau wendet sich gegen eine absolutistisch-klerikal beeinflusste, rigide Normorientierung, die eine auf Zukunft und Veränderungen gerichtete, freie Entwicklung der nachfolgenden Generation unterbinden wollte, um bestehende Systemgrenzen zu sichern.

Alte und moderne Heldengeschichten vom *Parzival* bis zu bekannten Science-Fiction oder Fantasy-Geschichten wie *Star Wars* oder *Harry Potter* nutzen häufig elternlose Kinder als Heldenfiguren. Der mittelalterliche Parzival etwa kann erst dann ein richtiger Mensch werden, als seine Mutter bei seiner Abreise tot umfällt. Sie hat ihn behindert, ihm lauter falsche Ratschläge gegeben, um ihn eben nicht auf die Aufgaben der damaligen Gesellschaft vorzubereiten. Er – aber auch unsere modernen Heldinnen und Helden – haben aber zunächst einmal genau das: eine Aufgabe in und für die Gesellschaft. Und ohne dass wir lauter Helden produzieren wollen – obwohl wir ständig davon sprechen („Helden des Alltags“), wollen wir ihnen doch genau das ermöglichen und abverlangen: dass sie für die Zukunft gut vorbereitet sind. Um ihret- und auch um unseretwillen.

Mündigkeit, die wir eben als Ziel von Erziehung gefunden hatten (vgl. Modul 2 „Erziehungskompetenz"), bedeutet zunächst also „Eigenverantwortung". Dazu gehört als Ergebnis adoleszenter Abgrenzung von den Eltern die ökonomische und emotionale Selbstständigkeit, berufliche Orientierung, die Definition einer eigenen sozialen und kulturellen Identität, ein eigenes Wertegefüge, Freunde, Partner*in (vgl. Remschmidt & Becker 2020, S. 34). Zur Eigenverantwortung gehört aber immer auch dazu, mit anderen zusammenzuleben. Niemand existiert als Insel. Soziales Verhalten ist wichtig, damit Gesellschaft funktioniert. Diese Forderung findet sich auch – politisch zugespitzt und mit dem Ausdruck „Sozialkompetenz" auf den Begriff gebracht – in allen einschlägigen Rahmenrichtlinien, Lehr- und Bildungsplänen bzw. Bildungsgrundsätzen der verschiedenen Bundesländer für die Bildungseinrichtungen Schule und Kita. Dabei wird häufig explizit darauf hingewiesen, dass diese Sozialkompetenz ein fachübergreifendes Erziehungs- und Bildungsziel ist, also nicht einem bestimmten Fach zugewiesen werden kann. Kurz:

> Wir wollen die nachwachsende Generation zu verantwortungsvollen Bürger*innen erziehen, sie sollen Gesellschaft weiter aufrechterhalten. Wir bekennen uns zu diesem noch weitgefassten Ziel – vor allem in unserem eigenen Verfassungskontext in Deutschland, in gemeinsamer Verantwortung auch in Europa und der Welt. Die Menschenrechte dienen ebenso als Leitlinie wie unsere parlamentarische Demokratie auf der Basis des Grundgesetzes.

Dies steht so als Ziel von Erziehung und Bildung auch am Beginn der Lehrpläne. Hier das Beispiel NRW/Primarstufe:

> „Im Rahmen des allgemeinen Bildungs- und Erziehungsauftrags der Schule unterstützt der Unterricht im Fach Deutsch die Entwicklung einer mündigen und sozial verantwortlichen, für ein friedliches und diskriminierungsfreies Zusammenleben einstehenden Persönlichkeit. Das Fach leistet weiterhin Beiträge zu fachübergreifenden Querschnittsaufgaben in Schule und Unterricht, hierzu zählen u. a.

- Menschenrechtsbildung,
- Werteerziehung,
- politische Bildung und Demokratieerziehung,
- Medienbildung und Bildung für die digitale Welt,

- Verbraucherbildung und Bildung für nachhaltige Entwicklung,
- geschlechtersensible Bildung,
- kulturelle und interkulturelle Bildung." (MSW, S. 12)

Das klingt jetzt „groß": Es geht doch in unserem Buch eigentlich nur um Medienbildung! Wir wollten doch gerade nicht mehr, wie auch Rousseau, eine politische Nützlichkeit des Menschen anerziehen!? Und wir wollen auch nicht, dass Lehrkräfte oder Erzieher*innen unsere Kinder ideologisch vereinnahmen.

Aber ist ideologische Vereinnahmung unausweichliche Folge politischer Bildung und Erziehung? In den 1970er Jahren war dies eine offene Frage, die hitzig diskutiert wurde. Erst eine Tagung 1976 brachte die Grenzen und die berechtigen Ansprüche politischer Erziehung auf den Punkt.

Der sogenannte „Beutelsbacher Konsens" (Wehling 1977, 2016), eine explizite Vereinbarung von Politikdidaktiker*innen, machte klar, dass politische Bildung ohne Indoktrination nicht nur berechtigt, sondern auch fachlich machbar ist. Ganz im Gegenteil, Demokratie ohne politische Bildung gerät in Gefahr, zum Spielball extremistischer Positionen (vgl. z. B. Delere u. a. 2022) zu werden, die unter dem Deckmantel der Meinungsfreiheit dann die Demokratie selbst gefährden.

Der erste der drei Konsenspunkte, das „Überwältigungsverbot" (Wehling 2016, S. 24), macht den Unterschied nochmals deutlich:

> „Es ist nicht erlaubt, den Schüler – mit welchen Mitteln auch immer – im Sinne erwünschter Meinungen zu überrumpeln und damit an der ‚Gewinnung eines selbstständigen Urteils' zu hindern. Hier genau verläuft nämlich die Grenze zwischen Politischer Bildung und Indoktrination. Indoktrination aber ist unvereinbar mit der Rolle des Lehrers in einer demokratischen Gesellschaft und der – rundum akzeptierten – Zielvorstellung von der Mündigkeit des Schülers."

Für das Verständnis des Rousseau-Hinweises vom Beginn des Kapitels ist also genau dieser Ausgangspunkt für die Frage nach politischer Bildung wichtig: Nicht Erziehung und Bildung sollen vermieden werden, sondern eine Erziehung zum willfährigen Untertanen eines absolutistisches System. Das Ziel von Erziehung und Bildung hingegen ist Freiheit und damit die politische Ordnung der Demokratie sowie die Werte, wie sie in der Deklaration der Menschenrechte (Vereinte Nationen 1948) dokumentiert sind. Politische Bildung in mediatisierten Gesellschaften (siehe das Basismodul, Kapitel 1.3.3) ist daher nicht Zufall, sondern grundlegende Eigenschaft von gelingender Medienbildung und Medienerziehung.

Die o.a. Querschnittsaufgaben finden sich prominent dem Fach Deutsch zugeordnet – und sie hängen auch inhaltlich zusammen. Das beginnt damit, dass die Sprache selbst zunächst ein Medium darstellt, um Bedeutung zu transportieren – und ihr Verständnis damit Grundlage ist für das inhaltliche Verständnis von allen Werten und Normen.

Menschenrechte etwa verkörpern inhaltlich Werte, in ihrer niedergeschriebenen Form der „Allgemeinen Erklärung“ durch die Vereinten Nationen stellen sie eine Norm dar, ein Regelwerk, an dem sich die unterzeichnenden Staaten bei ihren eigenen Verfassungen orientieren sollen. Die Generalversammlung der Vereinten Nationen verkündete die „Allgemeine Erklärung“

> „als das von allen Völkern und Nationen zu erreichende gemeinsame Ideal, damit jeder einzelne und alle Organe der Gesellschaft sich diese Erklärung stets gegenwärtig halten und sich bemühen, durch Unterricht und Erziehung die Achtung vor diesen Rechten und Freiheiten zu fördern und durch fortschreitende nationale und internationale Maßnahmen ihre allgemeine und tatsächliche Anerkennung und Einhaltung durch die Bevölkerung der Mitgliedstaaten selbst wie auch durch die Bevölkerung der ihrer Hoheitsgewalt unterstehenden Gebiete zu gewährleisten.“ (Vereinte Nationen 1948, S. 1)

Diese Textform zu verstehen, ihre Sprache und Funktion als regulativer Text – das ist und wäre Perspektive für die Schule. Doch Schule kann nicht für alles verantwortlich sein und gerade die Grundlagen sollten im Elternhaus und der begleiteten Familienarbeit geschaffen werden. In der Familie können Kinder am besten erleben, wie Demokratie funktioniert, was Gerechtigkeit bedeutet, was Regeln sind und welche und warum man sie befolgen sollte. Prinzipien des fairen Miteinanders, das die anderen in der Gruppe mit ihren Besonderheiten berücksichtigt – nicht nur autoritär von oben nach unten und unabhängig vom Geschlecht oder der körperlich-seelischen oder geistigen Verfassung –, Hilfe, aber auch Grenzerfahrungen sind wichtige Aspekte, die das Zusammenleben in kleinen und größeren Sozialverbänden erleichtern, ja, sichern. Schauen wir uns das Ganze noch etwas genauer an:

6.1 Die Politik und das Politische

6.1.1 Politik als Handlungsfeld und ihr Bezug zur Sprachkompetenz

Wenn wir von politischer Bildung sprechen, müssen wir uns auch fragen, was Politik ausmacht. Wie alle sozialen Bereiche, für die wir bestimmte Eigenschaften annehmen, um sie von anderen zu unterscheiden, ist auch die Politik ein *Handlungsfeld*. Das heißt, Politik kommt nicht in der Natur unabhängig vom Menschen vor (wie z. B. bestimmte Tierarten, geologische Strukturen, Sternenansammlungen im Weltall), sondern ist ein zutiefst menschliches Phänomen. Und es zeigt sich in bestimmtem menschlichem Handeln. Andere solche Handlungsfelder sind Wirtschaft, Medizin, Technik, Kunst, Wissenschaft und so weiter. Alle diese Handlungsfelder sind Teil menschlicher Praxis (Derbolav 1975; Weißeno u. a. 2010, S. 29-30). Ihnen allen ist eigen, dass die grundlegende Regelübernahme an Sprache gebunden ist.

Demnach bedeutet die Fähigkeit, Sprache zu erwerben, nichts anderes, als Regelhaftigkeit zu erkennen, zu imitieren und zu gestalten. Kooperative Interaktionen, Empathiefähigkeit, die daraus folgende geteilte Zielvorstellung sowie die Entwicklung einer Sprache sind die Voraussetzungen für menschliche Gemeinschaftlichkeit (vgl. die Beiträge von Rösker-Hardy, Duncker und Carpenter & Tomasello in Hoffmann u. a. 2011). Sprache stellt daher auch für uns die konzeptionelle Grundfertigkeit des Menschen dar.

Die Handlungsfelder entstehen dann, wenn Menschen in bestimmter Weise regelgeleitet handeln. Dem jeweiligen Handeln liegen daher auch unterschiedliche Wertvorstellungen und Zielsetzungen zugrunde. So zielt z. B. Handeln in der Wirtschaft auf Effizienz ab, in der Medizin auf Heilung und in der Politik auf Akzeptanz. Handlungsfelder sind also in einem umfassenden Sinne Handlungen, also Tun und Kommunizieren. Auch Kommunizieren ist ein Handeln. Und da es der Politik um Akzeptanz der Handlungen und damit den zugrunde liegenden Wertvorstellungen geht, ist die Politik auch die Instanz, in der die Regelung gesellschaftlicher Realität vereinbart und umgesetzt wird.

Im Folgenden verstehen wir „Politik" also als menschliches Kommunizieren und Handeln, das auf die Herstellung und Durchsetzung allgemein verbindlicher Regelungen und Entscheidungen in und zwischen Menschen abzielt.

Ein Bewusstsein dafür zu schaffen, was diese Regelung bedeutet und welche Rolle jeder einzelne dabei spielen sollte, ist ein zentrales Bildungsziel. Dazu haben wir an anderer Stelle bereits den theoretischen Rahmen beschrieben, in dem politische Bildung beschrieben werden kann (Marci-Boehncke u. a. 2022b).

Wenn Kinder in die Kita kommen, bringen sie bereits Erfahrungen und Einstellungen mit – auch wenn diese vielleicht gar nicht bewusst vermittelt wurden. Sie orientieren sich dabei an dem, was sie im Umfeld über die „Medien", die sie zur Verfügung haben, mitbekommen. In erster Linie sind das Gespräche zu Hause. Was dort Thema ist, wird von den Kindern angenommen und gelernt. Auch Einstellungen und Vorlieben gehören dazu. Eltern dienen als Vorbilder – auch in ihren Äußerungen. Der Umgang mit Diversität, mit Umweltthemen und Verantwortung – das sind nur einige Beispiele, die Kindern Orientierung für gesellschaftliches Sprach- und Handlungsverhalten bieten und ihre Einstellungen und Beliefs (vgl. Calderhead 1996) nachhaltig prägen.

Wichtig: Politische Bildung (auch als politische Aufmerksamkeit im Erziehungsverhalten) muss früh beginnen, denn auch politische Einstellungen, Grundüberzeugungen oder *Beliefs* sowie Stereotypen entwickeln sich in der frühen Kindheit und sind im Laufe des Lebens nur schwer zu ändern.

6.1.2 Das Politische als Regelbewusstsein

„Das Politische" ist dann für das konkrete Individuum das Bewusstsein von der grundsätzlichen regelhaften Organisation menschlicher Gemeinschaft. Dieses Bewusstsein ist zum einen nicht an ein konkretes gesellschaftliches oder gar politisches System gebunden.

Dieses Bewusstsein setzt zum anderen weder ein Wissen voraus noch eine Orientierung, für welche Politik welche politischen Entscheidungen organisiert und gestaltet werden (müssen). Aber es setzt das Vermögen voraus, Regelhaftigkeit zu erkennen und zu befolgen.

Eben wie beim Erlernen einer Sprache mit ihrem Wortschatz (Semantik), ihrer Grammatik (Syntax) und ihren jeweiligen praktischen Anwendungen (Pragmatik). Insofern ist es sinnvoll, das Politische nicht auf das Erwachsenenalter zu reduzieren. Auch Kinder sind von Politik betroffen, erleben politisches Sprechen und haben daher auch ein je unterschiedlich ausgeprägtes politisches Bewusstsein (Kenner & Lange 2022).

Für die moderne Gesellschaft spielen zudem Medien eine zentrale Rolle bei der Vermittlung und auch der Weiterentwicklung eines Weltbildes und damit auch der Sicherung von Demokratie (Marci-Boehncke u. a. 2022a). Die gesprochene und geschriebene Sprache ist dabei ebenso wichtig wie Bilder, Filme und andere Kommunikationsformen. Wir vertreten dabei, wie schon im Basismodul ausgeführt, einen weiten Medienbegriff, der über eine reine technische Perspektive hinausgeht. Die Welt und damit potenziell alle Bürger*innen sind international vernetzt. Globale und umfassende Bildung der Bürger*innen einer demokratisch verfassten Gesellschaft im digitalen Zeitalter ist auf die Kenntnis der Anfangsbedingungen des politischen Denkens angewiesen. Formal scheinen diese Fragen entwicklungspsychologisch beantwortbar (vgl. Wegemer & Vandell 2020). Inhaltlich ist aber keineswegs geklärt, was politisches Bewusstsein als Bedingung politischer Bildung ausmacht, insbesondere für die frühe Kindheit (Tkotzyk & Marci-Boehncke 2022). Hier ist noch viel Forschung notwendig. Für ältere Kinder, v. a. Schulalter, ist hingegen mehr Forschung zu finden (Alscher u. a. 2022).

6.2 Politik- und Medienbildung

Hier greifen unsere Einheiten dann ineinander: Das, was ich an Kinder vermittle, ihnen anbiete als Orientierung für eigene Identitäts- und Wertbildung – die als „Mündigkeit" am Ende der Erziehung für das Kind erreicht werden sollte –, geschieht immer mit und in und über „Medien". Sei es über die Gespräche im Elternhaus, unter Freund*innen oder in den Bildungseinrichtungen, über Bücher, Zeitungen, wesentlich über das Fernsehen, aber auch über Filme und Serien und natürlich über das Internet und die Sozialen Medien. Beurteilen zu können, wer wo als Orientierungsgröße ernst genommen werden kann, wer als Informant kompetent ist und wo Meinungen statt Fakten vermittelt werden, ist ein Bildungsziel. Es sichert die eigenen Entscheidungen ab, macht selbstständig und reduziert Unsicherheitsgefühle und Angst. Wissen über mediale Strukturen und Professionalitätskriterien gehört ebenso dazu wie eine inhaltliche Sensibilisierung für die Perspektiven der Anderen, mit denen man in engeren oder weiteren Kreisen zusammenlebt und deren Bedürfnisse anerkannt und respektiert werden müssen.

Orientierung bieten Regeln in unserer Gesellschaft, die die unterschiedlichen Institutionen aufstellen. In der Familie betreffen sie andere Bereich und Handlungsempfehlungen als in Kita, Schule oder in der weiteren Öffentlichkeit. Aber sie sollten Bezüge zueinander haben. Die Gleichberechtigung der Geschlechter, den Schutz unserer Umwelt, die Akzeptanz und Sorge für ein friedliches Miteinander, aber auch das Recht auf den Respekt und die Verteidigung der eigenen Identität und Sicherheit. Auch Kinder haben Rechte auf Unversehrtheit, Nahrung, ein Zuhause, Bildung, Spiel, Gesundheit, Selbstentfaltung.

Die kanadische Philosophin Martha Nussbaum hat sie in ihrem Ansatz zur Befähigung (capability approach) zusammengefasst. Er bedeutet nicht, dass alle Kinder und Menschen überhaupt diese Bereiche tatsächlich erreicht *haben* (vgl. Hartmann & Vogel 2020), aber unter menschenrechtlichen Bedingungen sind das die Ansprüche, die ihnen zustehen. Diese Bereiche zu realisieren, sollten alle befähigt werden.

Erziehungsverantwortung wahrzunehmen bedeutet also immer, auch die Medien als Erziehende im Blick zu behalten. Sie werden vielfach als „vierte Gewalt im Staate“ verstanden. Über ihre ökonomischen Strukturen, mehr aber noch über ihre Inhalte und damit die „Belohnungen“, die sie für kindliche und jugendliche Bedürfnisse bereithalten – und hier vor allem die zur emotionalen Befriedigung (Unterhaltung, Ablenkung, Sicherheit, Gefühlsmanagement, Trost, Fantasieentwicklung) –, sind sie wirkmächtig. Professionelle Medienmacher*innen nutzen diese Bedürfnisse, um sich Marktvorteile, Glaubwürdigkeit und Gewinn zu sichern. Als verantwortliche Erziehenden haben wir vor allem die Heranwachsenden im Blick und ihre Rolle als künftige Erwachsene. Denn in ihrer Verantwortung liegt irgendwann unsere Zukunft und was davon noch übrig ist. Zumindest gilt das auf der Ebene eines gemeinsamen gesellschaftlichen Miteinanders. Eine frühe Investition in Aufmerksamkeit, Anerkennung, Wichtigkeit, Verlässlichkeit, Solidarität – aber auch in die Erfahrung und Vermittlung von Grenzen und den Respekt vor dem Wunsch nach Autonomie (vgl. Sachse 2010) stärkt die Persönlichkeiten. Eine gesunde *Frühe Bindung* bildet hier vielleicht den größten Teil des Fundaments.

Die Sprache als das Medium, was alle Bedeutung und damit unsere eigentlich menschliche Eigenschaft, sich über das, was man vorfindet, auch kontrovers – aber friedlich – auszutauschen und damit Vielfalt erkennbar und doch akzeptierbar zu machen, diese Sprache verdient ebenso unmittelbare erzieherische Aufmerksamkeit und ist Grundlage für die weiteren medialen Prozesse bis hin zum Umgang mit digitalen Medien und den kommenden Entwicklungen im Zusammenleben mit Künstlicher Intelligenz. Und die Sprache schließt dabei auch die informatische Sprache ein, der sich Kinder heute immer früher widmen sollten – denn sie ist global verständlich und wird das Handeln der nächsten Jahrzehnte nachhaltig beeinflussen.

Alle diese Bildungsbereiche drehen sich um die zentrale Aufgabe, den Kindern zu helfen, sich in der Welt zu orientieren und das Leben mit anderen und in unserer Welt noch lange glücklich mitzugestalten und zu genießen. Sicher anders als wir das gemacht hätten – aber als Erziehende haben wir die Chance, ihnen Werkzeuge mitzugeben. Mit dem Buch wollten wir ermutigen, diesen Werkzeugkoffer ernst zu nehmen und Orientierung beim Packen anbieten.

6.3 Literatur

Alscher, Pascal, Ludewig, Ulrich & McElvany, Nele. 2022. Civic Literacy – zur Theorie und Messbarkeit eines Kompetenzmodells für die schulische politische Bildung. *Zeitschrift für Erziehungswissenschaft*, 25, S. 1221-1241. https://doi.org/10.1007/s11618-022-01085-0.

Benz, Maria. 2004. *Rousseaus Begriff der natürlichen Erziehung und seine ideengeschichtlichen Folgen*. München, Grin Verlag.

Calderhead, James. 1996. Teachers: Beliefs and Knowledge. In Berliner, David C. & Calfee, Robert C. (Hrsg.), *Handbook of Educational Psychology*. New York: Macmillan, S. 709-725.

Delere, Malte, Vogel, Tatjana & Marci-Boehncke, Gudrun. 2022. Schulbezogene Meldeplattformen als Prototypen medialer Normalitätsverschiebung – Konsequenzen für die Unterrichtsgestaltung und Lehramtsausbildung im Fach Deutsch. In Marci-Boehncke, Gudrun, Rath, Matthias, Delere, Malte & Höfer, Hanna (Hrsg.), *Medien – Demokratie – Bildung. Normative Vermittlungsprozesse und Diversität in mediatisierten Gesellschaften*. Wiesbaden: Springer VS, S. 65-91. https://doi.org/10.1007/978-3-658-36446-5_6.

Derbolav, Josef. 1975. *Pädagogik und Politik. Eine systematisch-kritische Analyse ihrer Beziehungen. Mit einem Anhang zur Praxeologie*. Stuttgart: Kohlhammer.

Hartmann, Lynn & Vogel, Tatjana. 2020. The Capability to Communicate: Media Communication for People with Complex Impairments – A Case Study. *INTED2020 Proceedings*, S. 8405-8411. https://doi.org/10.21125/inted.2020.2285.

Hoffmann, Ludger, Leimbrinck, Kerstin & Quasthoff, Ute. (Hrsg.). 2011. *Die Matrix der menschlichen Entwicklung*. Berlin, Boston: De Gruyter.

Kenner, Steve & Lange, Dirk. 2022. *Young Citizens* – Das Politische an der politischen Bildung. In Baumgardt, Iris & Lange, Dirk (Hrsg.), *Young Citizens. Handbuch politische Bildung in der Grundschule* (Schriftenreihe Band 10777). Bonn: Bundeszentrale für politische Bildung, S. 18-27.

Marci-Boehncke, Gudrun, Rath, Matthias O., Delere, Malte & Höfer, Hanna. 2022a. Medien – Demokratie – Bildung: Normative Vermittlungsprozesse und Diversität in mediatisierten Gesellschaften. In Marci-Boehncke, Gudrun, Rath, Matthias O., Delere, Malte & Höfer, Hanna (Hrsg.), *Medien – Demokratie – Bildung: Normative*

Vermittlungsprozesse und Diversität in mediatisierten Gesellschaften. Wiesbaden: Springer VS, S. 1-10.

Marci-Boehncke, Gudrun, Rath, Matthias O., Goll, Thomas & Steinbrecher, Michael. 2022b. How to Become Political? Basic Concepts for Exploring Early Childhood Understanding of Politics. In Carmo, Mafalda (Hrsg.), *Education and New Developments 2022, Band 1*. Lissabon: InScience Press, S. 179-183.

MSW. 2021. *Lehrpläne für die Primarstufe in Nordrhein-Westfalen*. Hrsg. vom Ministerium für Schule und Weiterbildung des Landes Nordrhein-Westfalen. www.schulentwicklung.nrw.de/lehrplaene/lehrplan/300/ps_lp_sammelband_2021_08_02.pdf.

Nussbaum, Martha C. 2007. Human Rights and Human Capabilities. *Harvard Human Rights Journal*, 20, S. 21–24.

Remschmidt, Helmut & Becker, Katja. 2020. *Kinder- und Jugendpsychiatrie und Psychotherapie*. Stuttgart, New York: Thieme. https://doi.org/10.1055/b-006-163294.

Sachse, Rainer. 2010. *Klärungsorientierte Psychotherapie von Persönlichkeitsstörungen: Grundlagen und Konzepte* (Praxis der Psychotherapie von Persönlichkeitsstörungen). Göttingen: Hogrefe Verlag.

Tkotzyk, Raphaela & Marci-Boehncke, Gudrun. 2022. Research with young children: Do picture concept maps work as interview tool in early childhood research? *Proceedings of INTED 2022*, S. 7258-7267. https://doi.org/10.21125/inted.2022.1836.

Vereinte Nationen (1948). *Resolution der Generalversammlung 217 A (III). Allgemeine Erklärung der Menschenrechte*. www.un.org/depts/german/menschenrechte/aemr.pdf.

Wegemer, Christoph M. & Vandell, Deborah Lowe. 2020. Parenting, temperament, and attachment security as antecedents of political orientation: Longitudinal evidence from early childhood to age 26. *Developmental Psychology*, 56, S. 1360-1371. https://psycnet.apa.org/doi/10.1037/dev0000965.

Wehling, Hans-Georg. 1977. Konsens à la Beutelsbach? Nachlese zu einem Expertengespräch. In Schiele, Siegfried & Schneider, Herbert (Hrsg.), *Das Konsensproblem in der politischen Bildung* (Anmerkungen und Argumente, Bd. 17). Stuttgart: Klett-Verlag, S.173-184.

Wehling, Hans-Georg. 2016. Konsens à la Beutelsbach? Nachlese zu einem Expertengespräch. Textdokumentation aus dem Jahr 1977. In Widmaier, Benedikt & Zorn, Peter (Hrsg.), *Brauchen wir den Beutelsbacher Konsens? Eine Debatte der politischen Bildung* (Schriftenreihe Band 1793). Bonn: Bundeszentrale für politische Bildung, S. 19-27. www.bpb.de/system/files/dokument_pdf/1793_Beutelsbacher_Konsens_ba.pdf.

Weißeno, Georg, Detjen, Joachim, Juchler, Ingo, Massing, Peter & Richter, Dagmar. 2010. *Konzepte der Politik – ein Kompetenzmodell* (Schriftenreihe 1016). Bonn: Bundeszentrale für politische Bildung. https://nbnresolving.org/urn:nbn:de:0168-ssoar-53462-3.

7. Fazit

Wir haben zu Beginn geschrieben, dieses Buch ist keine Rezeptsammlung. An dieser Aussage halten wir auch fest – Erziehung ist ein komplexer Prozess, der sich nicht einfach in ein „Man nehme" pressen lässt. Die Akteur*innen und die Rahmenbedingungen dieses Prozesses können nicht vereinheitlicht werden. Die Vielfalt unserer Gesellschaft verlangt statt dessen flexible und vielfältige Lösungen. Im Diskurs zwischen Elternteilen, ggf. auch intergenerationell in der Familie sowie mit Erziehungsprofis und ggf. Ärzt*innen, Psycholog*innen, Logopäd*innen und Lehrkräften sollten bei Problemen gemeinsame Lösungen gesucht werden. Diesen Austausch kann ein Buch nicht ersetzen.

Der erste Schritt geschieht jedoch immer in der Familie. Und nicht jede Erziehungsschwierigkeit verweist gleich auf ein schweres Problem. Wir versuchen mit allen Bedenken aus unserer Rolle als Wissenschaftlerin und Wissenschaftler, aber pragmatisch aus unserer Rolle als Eltern mit wissenschaftlichem Hintergrund in relevanten Erziehungsthemen einige Grundüberlegungen zu formulieren, die unsere eigene Praxis mitbestimmt haben:

1. Als Menschen geht es uns immer um Sinn, Kommunikation und Bedeutung. Ohne Medialität existieren wir nicht als Menschen. Wir brauchen Verständigung über Zeichen. Viele individuelle und gesellschaftliche Schwierigkeiten zeigen sich und resultieren aus medialen Deutungsproblemen. „Was meinst Du damit?" „Warum tust Du das?" „Was bedeutet das für mich?" – solche und ähnliche Fragen verweisen auf diese Medialität. Sie an uns selbst, die Kinder in unserer Erziehungsverantwortung, aber auch alle anderen Menschen und Institutionen/ Medien zu stellen, mit denen wir und unsere Kinder Umgang haben, schützt vor Erziehungseinbahnstraßen auch in der Medienerziehung. Wir können diese Medialität nicht verbannen und wir müssen immer mit der aktuellen Mediatisierung erziehen.

2. Erziehungsstile variieren nach den individuellen familialen Gegebenheiten. Für Erziehende sollte jedoch grundsätzlich die wohlwollende und fördernde Perspektive auf das Kind im Vordergrund stehen. Kinder wollen und müssen lernen. Diese Lernbereitschaft von Anfang aufzugreifen und aktiv zu halten, ist wohl die wichtigste Investition in die Zukunft Ihres Kindes. Welt ist immer wieder neu und

spannend und verlangt Lösungen, die aktiv, eigenständig, aber auch im Verbund mit anderen gesucht und ausgehandelt werden müssen. Dazu gehört Vorbild sein, die Welt mit den Augen des Kindes sehen, nicht nur Gefahren, sondern auch Chancen erkennen, herausfordern, fördern und anerkennen, sowie Aufmerksamkeit und Sicherheit bieten. Abgewogene Konsequenz im Verhalten gegenüber dem Kind schafft Vertrauen und setzt Grenzen. Bei vielen Entscheidungen, wie man handeln soll, hilft die Orientierung an der „Goldenen Mitte". Dazu gehört auch der dezidierte Mut zu klaren Regeln. Und diese gelten grundsätzlich unabhängig vom Geschlecht, aber nicht unabhängig vom Alter des Kindes.

3. Je älter die Kinder werden, desto differenzierter und situationsspezifischer kann das Erziehungshandeln werden. Was früher unvermeidlich war, zum Beispiel in Bezug auf bestimmte Mediennutzung, wird lockerer und individueller, wenn das Kind reifer wird. Dazu müssen wir uns aber immer selbst relativieren: Sehen wir das Kind jeweils in seinem aktuellen Stand der Reife, oder haben wir uns selbst schon so sehr an unsere Regularien gewöhnt, dass wir sie wie Ballast in unserem Erziehungsverhalten mitschleppen?

4. Es gibt auch absolute Regeln – aber nur sehr wenige! Wenn wir auf viele Grundregeln kommen, haben wir offensichtlich etwas falsch gemacht. Diese wenigen Grundregeln sind vor allem: Die Freiheit des einen endet da, wo die Freiheit des anderen anfängt. Dann ist alles zu vermeiden, was Gefahren für Leib und Leben bedeutet – auch im geistigen und seelischen Sinne. Und schließlich die Goldene Regel: „Was Du nicht willst, dass man Dir tu, das füg' auch keinem anderen zu."

5. Frühe Bindung entsteht durch Kommunikation. Je unmittelbarer die Kommunikation mit den Bezugspersonen erfolgt, desto besser ist es. Kommunikation per Video oder auch nur per Telefon, sogar zeitversetzt, ist besser, als gar keine Kommunikation. Digitale Medien können hier Nähe schaffen, wo sonst keine möglich wäre. Die Qualität der Kommunikation ist entscheidend, das Kind sollte sich persönlich gemeint fühlen. Die Kommunikation mit einem Kind erfordert zugleich erhöhte Aufmerksamkeit und auch phasenweise eigene mediale und kommunikative Bedürfnisse zurückzustellen. Das Maß verändert sich mit dem Alter und den anderweitigen kommunikativen Bedürfnissen des Kindes. Frühe Bindung und Förderung wirkt sich auch auf das ältere Kind positiv aus, erfordert aber auch hier stetige liebevolle Pflege.

6. „Man kann nicht nicht kommunizieren" (Paul Watzlawick). Alles, was Sie sagen und tun, und alles was Sie nicht sagen und nicht tun, hat Bedeutung, wird ge-

deutet. Die Sprache ist unser zentrales Medium als Verbindung zur Welt, darum ist Deuten unsere zweite Natur. Wir lernen dies schon im Mutterleib. Daher ist es so wichtig, dieses Medium zu pflegen. Eltern und andere Bezugspersonen des Kindes sind über den Spracherwerb sein Schlüssel zur Welt. Denn jede Kommunikation, die Kindern mitbekommen, ist für sie modellhaft. Sprechen Sie viel mit Ihrem Kind, gern in mehreren Sprachen, denn unterschiedliche Sprachen sind unterschiedliche Schlüssel! Achten Sie darauf, welche Sprachhandlungen in und mit Medien Kinder mitbekommen. Seien Sie auch hier Vorbild. Vertrauen Sie auch auf Ihre Intuition. Wenn Sie am Kind orientiert sind, finden Sie auch seine Sprache. Jedes Kind entwickelt sich individuell, auch in Bezug auf die Sprache. Nutzen Sie die regelmäßigen Kinderarzttermine U1 bis U 11 und besprechen Sie ggf. Auffälligkeiten mit Erziehungsprofis, z. B. aus der Kita.

7. Digitalisierung geht nicht vorbei, sie ist das Zeichen unserer Zeit. Informatische Sprache, das Programmieren oder Coding, ist die Sprache des 21. Jahrhunderts. Es ist wichtig, dass viele sie beherrschen. Hier werden Ihre Kinder Sie überflügeln. Kinder und Jugendliche werden in ihrem Alltag immer häufiger mit Künstlicher Intelligenz umgehen. Seien Sie darauf gefasst, vieles der Technik nicht mehr zu verstehen. Versuchen Sie aber, deren Bedeutung für und von Ihren Kindern zu verstehen. Vertrauen Sie dabei seriösen Informationsmedien für Ihre eigene Orientierung und Information, z. B. Bundeszentrale für politische Bildung bpb (www.bpb.de), anderen öffentlichen Einrichtungen (Ministerien, Bibliotheken), Fachverbänden und Institutionen, zur Zeit GMK (www.gmk-net.de), JFF Institut für Medienpädagogik (www.jff.de), Stiftung Digitale Chancen (www.digitale-chancen.de), Klicksafe (www.klicksafe.de) und andere. Social Media sind hingegen nur ein digitaler Marktplatz, keine seriöse Quelle für verlässliche Informationen zur eigenen Meinungsbildung.

8. Wir brauchen Medien zur Kommunikation. Kommunikation ist der Schlüssel für unser Zusammenleben mit anderen. Insofern bereitet jede Kommunikation, alle Mediennutzung und vor allem unser Grad an medialer Kompetenz auf unsere politische Teilhabemöglichkeit und Verantwortung vor. Medienerziehung ist daher immer auch politische Erziehung. Sie betrifft technische Kompetenz, kommunikative Kompetenz, medial-produktive Kompetenz, Informations- und Beurteilungskompetenz, analytische und reflexive Kompetenz sowie heute auch informatische Kompetenz. All diese Kompetenzaspekte tauchen immer zusammen mit konkreten Inhalten auf. Zur Beurteilung dieser Inhalte dienen

die Menschenrechte, unser Grundgesetz und ganz niederschwellig: „Schadet es dem Kind, schadet es anderen, schadet es mir?“

Erziehen ist immer Entscheiden. Sie werden Fehler machen, aber das ist unvermeidlich. Bleiben Sie mutig, dabei gedanklich zuzulassen, dass alles eigentlich komplexer ist als gedacht!